MURS & DECO

MURS & DÉCO

COMMENT EXPOSER VOS COLLECTIONS D'OBJETS

Geraldine James

Éditions
de La Martinière

Ouvrage traduit de l'anglais
par Ariel Marinie

Mise en pages de l'édition française :
Sébastien Raimondi

Connectez-vous sur :
www.lamartinieregroupe.com

Achevé d'imprimer en janvier 2012
Imprimé en Chine
Dépôt légal : avril 2012
ISBN : 978-2-7324-5043-8

Édition originale publiée en 2011 par CICO Books, une marque de Ryland Peters & Small Ltd, 20-21 Jockey's Fields, Londres WC1R 4BW et 519 Broadway, 5th Floor, New York, NY 10012, sous le titre *Creative Walls*.

Photographies : Andrew Wood. (Pages 56, 57 : Sarah Bagner ; pages 14, 15, 72, 73, 78, 79, 96, 97, 98, 99, 100, 101, 112, 113, 114, 116, 117, 124, 125, 126, 127, 130, 131, 142, 143, 144, 145, 204, 205 : Rick Haylor ; page 211 : Jude Morgan.)

SOMMAIRE

Dans ce décor sobre, le mur nu donne beaucoup de présence aux deux tableaux. La lampe contemporaine et le canapé revêtu d'un tissu jacquard introduisent une note décorative.

INTRODUCTION

Il peut paraître bizarre de se passionner pour les murs. MAIS POUR MOI, UN MUR EST UNE TOILE VIERGE À L'ATTRAIT IRRÉSISTIBLE, UNE SOURCE D'INSPIRATION. Je trépigne d'impatience de me mettre à « peindre ». Mon matériel d'artiste se compose de tout ce que je peux accrocher ou poser contre les murs : photos, tableaux, céramiques, sculptures, bibelots farfelus oubliés au fond d'un tiroir, merveilles dénichées dans d'improbables vide-greniers…

IL ARRIVE QU'UN MUR SOIT PARFAIT TEL QUEL. LES VIEUX PAPIERS PEINTS AUX COULEURS PASSÉES PEUVENT AVOIR UN CHARME FOU. Les couches de peinture qui s'écaillent, laissant apparaître des générations de superposition, peuvent également être très décoratives. Même un mur de plâtre peut posséder une beauté qu'un mur blanc parfaitement lisse ne saurait égaler.

CEPENDANT, NOUS SOMMES TROP SOUVENT INTIMIDÉS PAR CETTE TOILE VIERGE QUI S'OFFRE À NOUS. Comment exposer les photos ? Quelles couleurs créent une impression d'espace ? Faut-il encadrer les tableaux et les photographies ou non ? Peut-on mélanger les œuvres encadrées et non encadrées ? Est-il de bon goût d'accrocher des assiettes aux murs ?

L'essentiel, c'est de créer des murs qui reflètent votre personnalité et celle de votre

Ces cinq portraits de femmes et études de nus font une décoration idéale pour cette élégante chambre. Un somptueux lustre aux pendeloques de cristal tient la vedette au milieu du plafond, tandis que les deux bustes de plâtre qui se reflètent dans la porte revêtue de miroirs renforcent l'atmosphère de délicate féminité.

famille. JE M'ÉMERVEILLE TOUJOURS DE LA CRÉATIVITÉ QUE CHACUN PEUT DÉPLOYER DANS LA DÉCORATION DE SON INTÉRIEUR. Je chipe souvent chez les autres des idées pour ma propre maison, et me mets parfois en quête d'objets ou d'œuvres d'art similaires à ceux que j'ai vus chez eux !

↑ Un méli-mélo de gravures et de tableaux anciens introduit une note de fouillis savamment orchestré dans cette chambre aux allures de boudoir. Les flacons de parfum et les foulards décoratifs dont on aperçoit le reflet dans l'énorme miroir de droite font un mélange parfait pour cette pièce au style éclectique.

CE LIVRE OFFRE UN APERÇU DE LA DÉCORATION RÉALISÉE PAR DIFFÉRENTES PERSONNES – amis, collègues, amis d'amis, amis de collègues – qui toutes ont eu l'audace de déflorer une toile vierge pour en tirer une œuvre d'art fabuleuse. Car là est la difficulté : quand on crée une œuvre d'art, on s'expose aux commentaires et au jugement d'autrui, aux changements de mode. Soyez suffisamment sûr de vous pour rétorquer aux éventuelles critiques : « C'est là ma vision des choses, ce qui me plaît, le reflet de ma personnalité. » LES MEILLEURES ŒUVRES D'ART SONT LES PLUS AUDACIEUSES, CELLES OÙ L'ARTISTE A CRÉÉ QUELQUE CHOSE DE NOUVEAU AU LIEU DE COPIER LES AUTRES.

Aussi j'insiste vigoureusement sur le fait que les exemples de décoration murale présentés ici ne sont pas des

Cette vieille pancarte de chemins de fer introduit une note insolite dans cette salle de bains moderne d'un blanc austère, à la limite du minimalisme.

modèles à imiter tels quels mais des sources d'inspiration pour ceux qui désirent se lancer dans la décoration de leurs murs. Il ne peut y avoir de lois strictes en matière de décoration. Bien sûr, nous sommes cernés par les donneurs de leçons qui nous dictent notre manière de nous vêtir ou de décorer notre demeure, mais si nous devions les suivre à la lettre, le monde serait bien terne. CET OUVRAGE, JE L'ESPÈRE, VOUS MONTRERA À QUEL POINT NOS LIEUX DE VIE PEUVENT DEVENIR BEAUX, SURPRENANTS, CAPTIVANTS, QUAND NOUS OSONS LAISSER LIBRE COURS À NOTRE CRÉATIVITÉ. Il vous donnera une idée des résultats fabuleux que nous pouvons obtenir sans dépenser des fortunes ni faire appel à des professionnels. La simple compréhension des principes de base de la décoration vous permettra de transcender les notions d'espace (un problème auquel nous sommes tous confrontés) et vous aidera à créer une myriade d'effets.

Je ne dis pas que c'est toujours facile. Il vous faudra du temps, de la patience, et parfois même une ténacité un peu obsessionnelle pour trouver exactement le ton que vous souhaitez, avec les effets et la couleur de vos rêves. Mais vous serez largement récompensé de l'énergie investie car, chaque jour, vous pourrez contempler le fruit de vos efforts.

FIEZ-VOUS À VOTRE INSPIRATION ET FONCEZ !

Une autre idée astucieuse pour une salle de bains – le fait qu'il s'agisse seulement d'une salle de bains ne vous interdit pas d'affirmer vos goûts et votre style. Un vieux miroir vénitien se reflète dans son grand frère richement orné de perles de verre et de motifs gravés.

Always reme
Forgive quick
Laugh in lou
And never
Made you sm

CHAPITRE 1
DE BONNES IDÉES

On est souvent tenté de s'en tenir aux valeurs sûres quand on décore son intérieur… Et pourtant, IL EST TELLEMENT PLUS INTÉRESSANT DE SE LANCER DANS DES AVENTURES CRÉATIVES ! Ce chapitre vous donnera envie de vous ouvrir davantage aux possibilités qui s'offrent quotidiennement à vous et d'expérimenter avec DES CHOSES TRÈS SIMPLES QUI, BIEN AGENCÉES, PEUVENT PRODUIRE UN EFFET MAGNIFIQUE – bois flottés ramassés au bord de la mer à marée basse, collages à base de billets de concert joliment encadrés (Louis Armstrong « Satchmo » excellait dans cet art), élégantes calligraphies… La liste est sans fin.

Le style vigoureux du maître de céans se reflète dans cette chambre à la beauté simple et intemporelle, avec des vers écrits en élégante ronde sur le mur, à côté de bois de cerf, d'une robe ancienne et de draps de lin.

Les décors en noir et blanc ont toujours un impact puissant et donnent une impression de masculinité résolument moderne.

Une fois que l'on a fait le choix du noir et blanc, celui des objets doit se faire en conséquence.

Même si la décoration très étudiée de ce lumineux appartement new-yorkais s'articule essentiellement autour du noir et blanc, il ne s'agit pas d'un parti pris tranchant et systématique. L'objet le plus frappant est une pancarte sur toile indiquant les diverses destinations d'un tramway de Melbourne, qui va du plancher au plafond et rappelle aux maîtres de céans un séjour effectué dans cette ville. Avec la peluche posée sur le bureau, c'est l'un des rares objets personnels qui cohabitent avec des pièces au design sophistiqué. Non seulement cette pièce de travail nous apprend beaucoup sur ses utilisateurs, notamment la sûreté de leur goût, leur sens de la composition et l'attention portée au détail, mais elle nous donne aussi un aperçu de leurs centres d'intérêt.

Une belle lampe de verre trône sur une grande table bien ordonnée. Les crayons à mine de plomb de couleur jaune, qui ont surtout une fonction décorative, renforcent l'impression d'organisation de la pièce et y introduisent une note de couleur chaleureuse.

Les œuvres d'art choisies avec goût donnent à la fois une sensation d'assurance et de décontraction. Les maîtres des lieux se plaisent à vivre au milieu d'objets qui laissent deviner leur personnalité. Tout est minutieusement étudié, il n'y a rien de contraint ou de figé. Au contraire, c'est l'impression de confort qui domine.

& DORA ST.
VIA CITY
VIA GRAHAM ST.
VIA LORIMER ST.
VIA WILLIAMSTOWN RD.
BOURKE & RUSSELL STS.
SOUTHERN RD.

FINA

Le jeune DJ qui habite cet appartement londonien est un réel chineur. Partageant son temps entre Londres et Manhattan, **C'EST UN COLLECTIONNEUR PASSIONNÉ DE TOUT CE QUI SORT DE L'ORDINAIRE, AVEC TOUJOURS UN CARACTÈRE MASCULIN TRÈS AFFIRMÉ**. Il a ainsi imprimé son style sur les murs avec beaucoup de créativité et d'assurance.

Quand vous achetez des objets pour votre intérieur, vous devez visualiser quel effet ils feront à l'endroit où vous comptez les placer. Notre DJ a déniché de vieux panneaux de métal et divers autres objets de récupération, et a tout de suite vu ce qu'il allait en faire.

IL FALLAIT UN ŒIL D'ARTISTE POUR PRESSENTIR QUE CE PANNEAU PUBLICITAIRE CRÉERAIT UN EFFET AUSSI PERCUTANT AU-DESSUS DU LIT.

Malgré son grand âge, ce panneau publicitaire accroché au-dessus du lit crée une atmosphère industrielle résolument moderne ; les vieilles valises cabossées sur lesquelles est posée une chaise miniature rétro tiennent lieu de table de chevet, et les persiennes anciennes introduisent une note de charme désuet. Cette chambre est un concentré du style de son occupant.

Récupéré au bord d'une route, ce fragment de plaque de marbre accroché au-dessus d'un « cabinet à poisons » surmonté d'un masque à gaz pour enfant nous montre que le maître des lieux ne recule pas devant les risques en matière de décoration. Le poisson rouge dans son petit aquarium de verre introduit une dimension plus « humaine » dans cet espace excentrique.

Une affiche publicitaire des années **1980** occupe tout l'espace situé face à l'embrasure de la porte dans cet appartement du littoral. Les deux personnages plus grands que nature ont l'air de surgir sur le seuil de la pièce.

➸ Une sélection de photos en noir et blanc emplit l'espace compris entre la douche et le placard, introduisant une note de masculinité sensuelle.

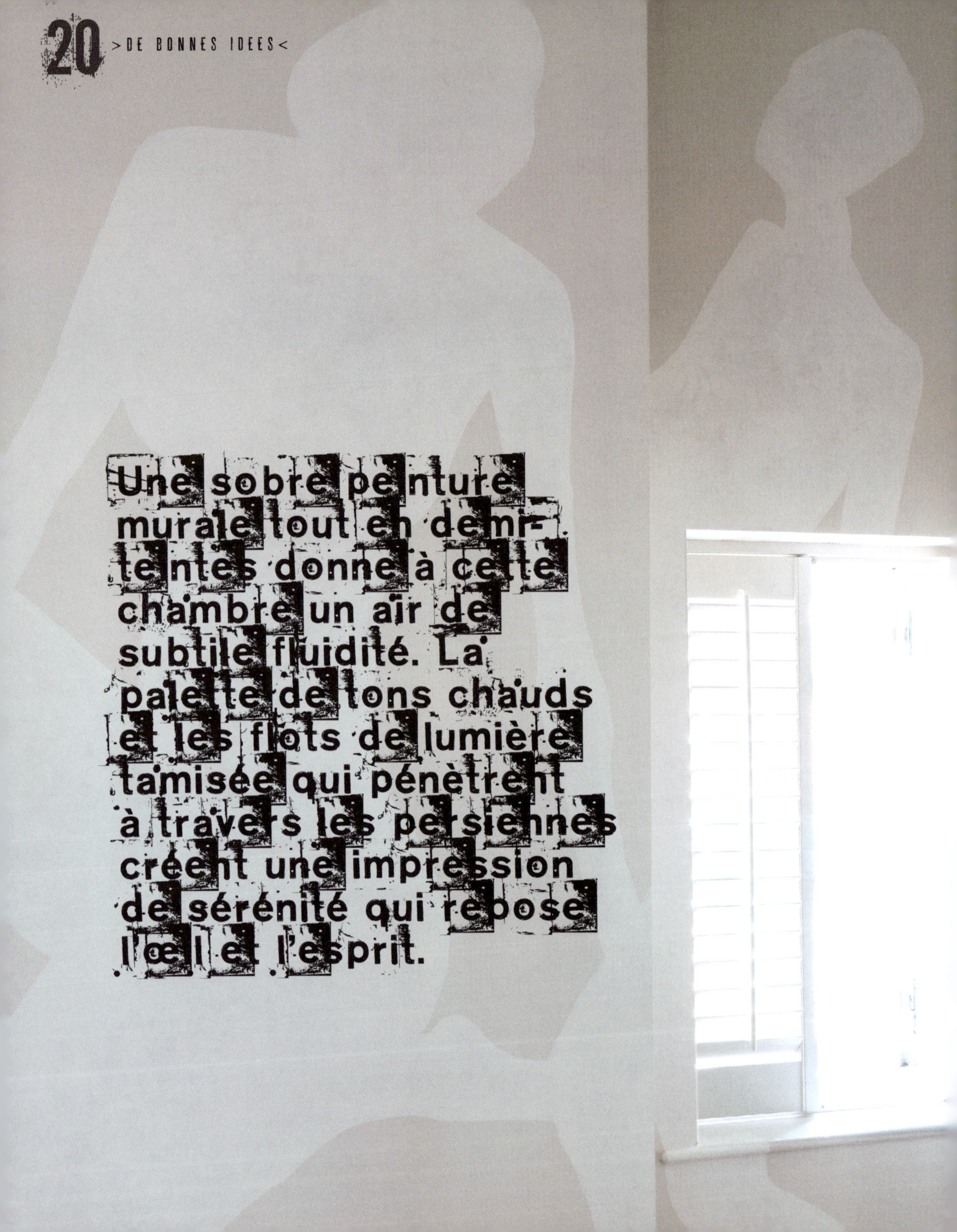

Une sobre peinture murale tout en demi-teintes donne à cette chambre un air de subtile fluidité. La palette de tons chauds et les flots de lumière tamisée qui pénètrent à travers les persiennes créent une impression de sérénité qui repose l'œil et l'esprit.

Les persiennes peuvent être utilisées pour leur fonction purement décorative mais elles peuvent aussi servir à cacher des objets usuels qui détonneraient dans une pièce au décor épuré. Sur cette double page, vous pouvez voir deux illustrations de cette double fonction.

Dans cette annexe d'une maison décorée avec un goût à la fois subtil et audacieux, avec DES FINITIONS EN MÉTAL ET BÉTON DE TYPE INDUSTRIEL, on a construit un châssis sur mesure pour accueillir quatre paires de persiennes en bois anciennes. Elles recouvrent toute la longueur du mur, permettant d'occulter des appareils ménagers peu esthétiques comme une machine à laver et un réfrigérateur. AVEC LEUR PEINTURE ÉCAILLÉE ET LEURS LOQUETS ROUILLÉS, ELLES DONNENT BEAUCOUP DE CARACTÈRE AU DÉCOR. Leur couleur s'harmonise à merveille avec les tons neutres de la pièce. LES PERSIENNES PEUVENT ÉGALEMENT FAIRE OFFICE DE REVÊTEMENTS MURAUX. Une nature morte intime composée d'orchidées en pot flanquées de deux lampes identiques trouve une toile de fond idéale dans les

persiennes de bois qui recouvrent complètement le mur. Les trois panneaux ajourés font écho aux tons grèges des éléments de la composition et attirent l'attention sur elle.

On trouve différentes sortes de persiennes chez les antiquaires et dans les brocantes. Si elles ne correspondent pas aux dimensions requises, faites construire un châssis par un menuisier, comme l'a fait l'occupant de cette pièce. Sinon, vous pouvez simplement les poser contre le mur ou les faire monter en portes de placards.

Les persiennes se prêtent à des utilisations différentes dans ces deux intérieurs. En toile de fond à une composition à base d'orchidées flanquées de deux lampes identiques, elles accèdent au statut d'œuvres d'art. Ou bien transformées en portes de placards, elles remplissent une double fonction, pratique et décorative.

Les murs épais de cette vieille maison pyrénéenne ont vieilli avec grâce. LE PASSAGE DU TEMPS ET LES ÉTÉS TORRIDES ONT FAIT TOMBER LE PLÂTRE, CRÉANT DES MOTIFS INSOLITES QUE LE PROPRIÉTAIRE A HABILEMENT EXPLOITÉS POUR CRÉER UNE COMPOSITION MURALE.

Un assortiment d'assiettes anciennes de tailles différentes disposées de façon à épouser la partie écaillée du mur crée un mouvement dynamique et fluide, donnant un charme unique à la pièce. On songe à une nature morte hollandaise. POUR QUE CE GENRE D'IDÉE FONCTIONNE, IL FAUT CHOISIR UNE PALETTE DE COULEURS – EN L'OCCURRENCE, LE BLEU. Accrochez les assiettes avec des crochets spéciaux et faites-les se chevaucher en utilisant un petit morceau de bois pour les tenir écartées du mur. L'effet tridimensionnel ainsi obtenu donne de la profondeur à la composition.

IL S'AGIT LÀ D'UN ESPACE DE VIE SIMPLE ET INFORMEL, AUSSI LA MANIÈRE DONT LE PROPRIÉTAIRE A UTILISÉ LA SURFACE MURALE CONVIENT-ELLE PARFAITEMENT, EN DONNANT UN CÔTÉ LUDIQUE À LA PIÈCE. Si vous vous en lassez ou si d'autres lambeaux de plâtre tombent, modifiant le motif, CETTE COMPOSITION LAISSERA VOLONTIERS PLACE À UNE NOUVELLE IMPROVISATION.

Même si le motif sinueux dessiné par les assiettes a l'air fortuit, il épouse en réalité les formes des parties écaillées du mur de plâtre. L'effet est remarquable et métamorphose complètement un mur on ne peut plus ordinaire.

La décoration audacieuse de cette salle à manger crée un très bel impact. Accrocher ce grand tableau étrange dans cette petite pièce au plafond bas était un geste risqué, mais le résultat est fabuleux. RIEN NE RIVALISE AVEC L'IMPOSANTE TOILE, L'ŒUVRE A UNE TELLE PRÉSENCE QUE LE SPECTATEUR A DU MAL À EN DÉTOURNER LE REGARD. Le décor au charme dépouillé utilise une palette de couleurs restreinte, rien de voyant ou de déplacé ne venant rompre l'harmonie générale. L'ENSEMBLE DONNE UNE IMPRESSION D'ÉQUILIBRE ET DE RAFFINEMENT.

Le seul autre objet décoratif de la pièce est l'opulent lustre aux branches de métal noir ornées de pendeloques en cristal. Suspendu juste au-dessus de la table, il confère une certaine majesté à la pièce. Sur cette photo, la table est simplement recouverte d'une nappe de coton blanc uni. Lorsqu'on la dresse en prévision d'un dîner formel, avec des chandelles, des fleurs et des verres de cristal, elle fait une impression tout à fait différente, mais même ainsi le tableau continue de dominer le décor. Les chaises classiques revêtues de lin complètent l'ensemble à la perfection.

La grande huile sur toile représentant une robe ancienne est un geste audacieux, tant de la part de l'artiste que du propriétaire qui en a fait la pièce centrale de sa décoration. Elle reflète leur goût commun pour une époque où l'on vivait environné de choses exquises et raffinées.

Le blanc étincelant des carrelages et de la baignoire ancienne associé à un ensemble d'objets de collection et de matériaux naturels fait de cette salle de bains une retraite idyllique.

LES COQUILLAGES SONT SOUVENT CONSIDÉRÉS COMME DES OBJETS DÉCORATIFS TOUT DÉSIGNÉS POUR UNE SALLE DE BAINS, MAIS UTILISÉS SANS IMAGINATION, ILS FONT GÉNÉRALEMENT L'EFFET DE CLICHÉS. Ce n'est pas le cas ici. **LA DÉLICATE GORGONE À L'ABRI D'UN SOUS-VERRE ET LE COLLAGE À BASE DE COQUILLAGES, D'ÉTOILES DE MER ET DE SABLE MIS EN VALEUR PAR UN VIEUX CADRE À LA PEINTURE ÉCAILLÉE CONSTITUENT DE SUPERBES ŒUVRES D'ART.** De part et d'autre de ces compositions, d'anciens porte-bagages de chemin de fer font des étagères idéales.

Le vieux portemanteau est une véritable trouvaille. Sur la tablette en bois précieux se dresse un vieux miroir de rasage perché au sommet d'un long pied chromé autour duquel sont fixés des bols en acier brossé qui reçoivent ici de manière inattendue des bijoux. Les chandeliers accrochés de part et d'autre du miroir accentuent le caractère créatif de la pièce.

Une salle de bains à l'atmosphère apaisante ornée d'œuvres d'art originales créées avec des coraux, de minuscules galets et des étoiles de mer. Les anciens porte-bagages de chemin de fer sont une solution à la fois esthétique et pratique pour ranger les serviettes de toilette et suspendre des colliers de coquillages.

Ces boîtes transparentes en acrylique de différentes tailles empilées les unes sur les autres de façon asymétrique constituent une vitrine idéale pour exposer divers trésors. Comme elles peuvent être réaménagées de façon différente, il n'est pas difficile de modifier la composition lorsqu'on s'en lasse.

Si vous possédez une collection qui mérite une attention particulière, disposez-la sur un « autel » pour la mettre en valeur. Les boîtes transparentes en acrylique empilées les unes sur les autres font des vitrines idéales.

Les bois flottés font une décoration parfaitement naturelle. Suspendus à des crochets et disposés à intervalles irréguliers, ils semblent vivants grâce à leurs formes organiques. Cette ravissante composition encadrée de verdure n'a rien coûté et est facile à réaliser.

Les propriétaires de cette belle maison de campagne sont constamment à la recherche de pièces rares ou exotiques pour enrichir leur collection. Leur salon abrite des pièces très éclectiques - crânes et bois de cerf, cornes, oiseaux empaillés…

En soi, cette pièce est résolument traditionnelle, depuis les plinthes jusqu'aux moulures en passant par le manteau de cheminée à l'ornementation très classique. **CONSIDÉRÉS SÉPARÉMENT, LES ÉLÉMENTS DÉCORATIFS SONT EUX AUSSI ASSEZ CLASSIQUES, MAIS PRIS DANS SON ENSEMBLE, LE DÉCOR REVÊT UN ASPECT LÉGÈREMENT EXCENTRIQUE.** Des bois de cerf encadrent la cheminée, tandis qu'une paire de cornes de buffle d'Asie bien lisses forme un motif élégamment incurvé sur la tablette. **DE PART ET D'AUTRE DES CORNES, DES OISEAUX EMPAILLÉS PROTÉGÉS DANS DES VITRINES SONT SURMONTÉS D'OBJETS NATURELS DIVERS.** Dans son large cadre doré, la sombre comtesse Desmond semble méditer sur ces vestiges de bêtes à cornes et à plumes.

Dans le plus pur style campagnard, la pièce semble symétrique au premier abord, mais on se rend vite compte qu'à l'exception des deux fauteuils au châssis vieil or, la symétrie est légèrement biaisée : le bougeoir sur pied fait pendant à un luminaire orné de pendeloques de cristal, et les deux vitrines de taxidermie sont de tailles différentes. **ON NE S'ÉTONNERA PAS D'APPRENDRE QUE LES AUTEURS DE CETTE INTERPRÉTATION ORIGINALE DU MANOIR TRADITIONNEL SONT LOIN D'ÊTRE CONSERVATEURS OU VIEUX JEU – LES DEUX CONJOINTS SONT JEUNES, CRÉATIFS, ET TRAVAILLENT DANS LE MONDE DE LA MODE.**

Les bois de cerf, les oiseaux empaillés, les fauteuils rouges au châssis vieil or qui encadrent la cheminée donnent une certaine symétrie à cette pièce majestueuse, mais il se dégage de l'ensemble une impression de fouillis savamment orchestré et d'excentricité. Difficile de résister au charme de cette interprétation décalée du manoir traditionnel.

Cette mise en scène originale, qui fait intervenir des cornes d'animaux rares et un cygne empaillé, joue sur une certaine symétrie au-dessus du « bar » de la salle à manger – un assortiment de bouteilles disposées sur deux plateaux d'aluminium placés côte à côte. Les objets qui vont par paires, comme les deux appliques en fer forgé, permettent d'équilibrer la composition.

Gordon's
JACK DANIEL'S

Ces murs nous racontent une histoire séculaire. Au fil du temps, les différentes couches de peinture et de matériaux se sont écaillées, laissant apparaître celles qui les ont précédées et créant un « fini » marbré fascinant. Le bébé crocodile empaillé posé sur la tablette de cheminée déploie une palette de couleurs similaire.

Les murs marbrés forment une toile de fond extraordinaire pour les appliques et les fleurs exotiques artificielles disposées dans des vases remplis de minuscules galets. Ces fleurs introduisent une note de douceur dans ce décor formel plutôt austère.

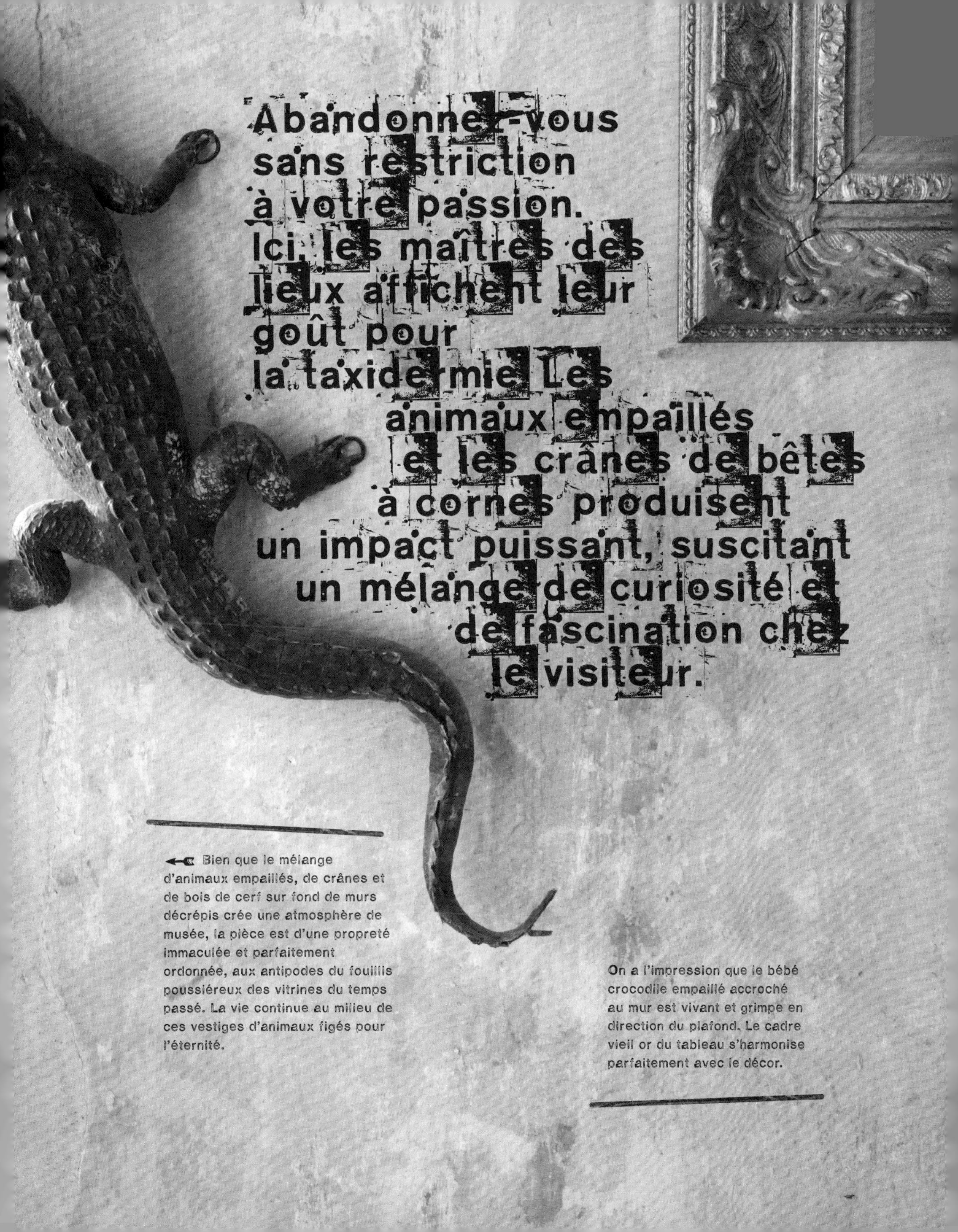

Abandonnez-vous sans restriction à votre passion. Ici, les maîtres des lieux affichent leur goût pour la taxidermie. Les animaux empaillés et les crânes de bêtes à cornes produisent un impact puissant, suscitant un mélange de curiosité et de fascination chez le visiteur.

← Bien que le mélange d'animaux empaillés, de crânes et de bois de cerf sur fond de murs décrépis crée une atmosphère de musée, la pièce est d'une propreté immaculée et parfaitement ordonnée, aux antipodes du fouillis poussiéreux des vitrines du temps passé. La vie continue au milieu de ces vestiges d'animaux figés pour l'éternité.

On a l'impression que le bébé crocodile empaillé accroché au mur est vivant et grimpe en direction du plafond. Le cadre vieil or du tableau s'harmonise parfaitement avec le décor.

Les fenêtres sont des cadres rêvés pour exposer les objets que l'on souhaite mettre en valeur. LORSQU'ELLES ENCADRENT UNE BELLE VUE EXTÉRIEURE, PAR EXEMPLE UN JARDIN OU UN PAYSAGE DE TOITS, ELLES FORMENT UN TABLEAU ET AGRANDISSENT L'ESPACE INTÉRIEUR. LA LUMIÈRE DU JOUR QU'ELLES LAISSENT PÉNÉTRER FAIT RESSORTIR LA TEXTURE DES MURS ET LES ŒUVRES D'ART QUI LES ORNENT.

Cette mâchoire de requin suspendue au châssis d'une fenêtre à glissière constitue le centre d'intérêt du « tableau » et intrigue le visiteur. Les vitres sont nues, mais on peut fermer les vieux volets de bois pour préserver son intimité ou se protéger des extrêmes climatiques. CETTE FENÊTRE FORME UNE RAVISSANTE TOILE DE FOND POUR LE CANAPÉ ANCIEN BLEU FONCÉ AUX FORMES PLEINES ET GÉNÉREUSES, CRÉANT UNE SÉDUISANTE MISE EN SCÈNE.

Dans l'entrée, des cornes et des bois de cerf sont suspendus au châssis de la fenêtre. Un bouquet de fleurs roses et de plumes de paon apporte une note de couleurs vives.

Ces fenêtres nues constituent des œuvres d'art à part entière. Encadrant la verdure extérieure, elles servent également de vitrines à divers objets naturels comme des ossements ou des cornes d'animaux sauvages. Ci-dessus, un bouquet de fleurs roses et de plumes de paon introduit une note de couleurs vives dans le tableau.

CET ESPACE CAPTIVANT ÉVOQUE UN DÉCOR DE THÉÂTRE. Bien qu'assainis et débarrassés des lambeaux de peinture écaillée et de toute trace d'humidité, les murs conservent leur ancienne patine.

IL FAUT ÊTRE À LA FOIS DOUÉ ET SÛR DE SOI POUR CRÉER CE GENRE DE DÉCOR ET Y VIVRE. DÈS LE DÉPART, LES MAÎTRES DE CÉANS ONT TENU À TIRER PARTI DE L'HISTOIRE DE LEUR MAISON, qui a connu une existence bien remplie à en croire les nombreuses couches de peinture et de papiers muraux empilées les unes sur les autres. Dans cette salle de réception, le thème « nature » s'impose, avec des crânes d'animaux sauvages et des colliers de coquillages suspendus au lambrequin.

LE COUPLE S'EST DONNÉ BEAUCOUP DE MAL POUR RÉUNIR LES OBJETS INSOLITES QUI PEUPLENT CET ESPACE, VÉRITABLE RÉGAL POUR L'ŒIL DU SPECTATEUR. C'est là l'œuvre de toute une vie, les deux conjoints poursuivant leur quête insatiable de nouvelles trouvailles, poussés à la fois par leur passion de la décoration et un instinct prononcé de chasseurs de curiosités.

Tous les éléments de ce décor, le crâne de bélier aux superbes cornes enroulées, le candélabre couvert de coulures de cire, l'effigie en porcelaine du chien des maîtres de céans, Desmond, ont un style très affirmé, chacun concourant à créer un décor harmonieux empreint d'une forte personnalité.

Voici une manière astucieuse d'exposer ses bijoux. Garnissez un cadre de feutrine et épinglez vos joyaux vrais ou faux. En les disposant

avec art, vous obtiendrez un tableau des plus originaux et n'aurez aucun mal le matin à trouver celui qui mettra la touche finale à votre toilette.

Sometimes I think my head is so big because it is so full of dreams—
NOW STARRING
DAVID BOWIE
LIMITED ENGAGEMENT!
THE ELEPHANT MAN
BOOTH THEATRE
THURSDAY NIGHT IS ROCK'A'BILLY NIGHT AT THE 'DOO WOP' CLUB
CLICK
THE STRANGLERS
Pulp
cargo
SIMPLE MINDS
ROUNDHOUSE
LIMELIGHT
THE RAKES
Fashion
THE BLITZ
TABOO
BACKSTAGE
24
ITB
U-ROY
Junior Murvin
Lee Perry
STEEL PULSE
ANTHONY . B
culture
CAPLETON
THE GLADIATORS
BERES HAMMOND
MORGAN HERITAGE
U2 CONCERT
dire straits
FAKE
JAPAN
Levi's
OFFICIAL GUEST
THE CRYPT
U.K SUBS

Le centre d'intérêt de ce bureau aménagé dans une grange reconvertie est le collage à base de billets de concert dans quatre cadres de métal accolés. Le mur revêtu de lambris de bois contraste agréablement avec les épais murs de pierre des autres pièces de cette vieille maison et montre que les propriétaires savent marier les styles. Une statue du dieu hindou Ganesh rapportée d'un voyage en Inde occupe la niche aménagée dans le mur de la pièce du fond, face aux marches de pierre.

Même si la plupart des éléments du collage sont des billets de concert, quelques-uns concernent des événements moins « branchés » comme le concours alternatif Miss Monde 1986.

Quatre vieux cadres industriels en métal jetés par un antiquaire à la fin d'un salon et récupérés par ce couple furent le point de départ de ce collage à base de billets de concert. LES DEUX CONJOINTS VIRENT IMMÉDIATEMENT QUEL PARTI ILS POURRAIENT EN TIRER ET DANS QUELLE PIÈCE ILS LES ACCROCHERAIENT. QUI EÛT DIT QU'UNE TROUVAILLE AUSSI PROSAÏQUE POURRAIT SE TRANSFORMER EN QUELQUE CHOSE D'AUSSI CAPTIVANT ?

Accroché dans le bureau, ce collage est devenu le sujet de conversation préféré de tous les visiteurs et permet à l'occupant des lieux de se détendre l'esprit lorsqu'il veut faire une pause, chaque billet racontant une histoire et évoquant des souvenirs. POUR LES PERSONNES ATTACHÉES À CES HUMBLES RELIQUES DU PASSÉ, CE TYPE DE PANNEAU D'AFFICHAGE EST LA SOLUTION IDÉALE. Beaucoup de gens conservent leurs billets de concert au fil des années, mais la plupart n'en font rien.

Un collage à base de billets de concert permet de partager des souvenirs avec sa famille et ses amis.

Ce genre de collage permet d'évoquer avec ses amis les idoles des années ou des décennies passées. PAR AILLEURS, RIEN N'EST PLUS FACILE QUE DE CRÉER UNE ŒUVRE D'ART AVEC DES BILLETS DE CONCERT, CAR CHAQUE BILLET A FAIT L'OBJET D'UN DESIGN SOIGNÉ LORS DE SA CONCEPTION ; il ne reste qu'à disposer ces reliques avec goût dans un cadre approprié pour créer une composition personnelle, empreinte de quelque nostalgie.

On pourrait se croire transporté sous les tropiques lorsque l'on pénètre dans ce restaurant de la banlieue londonienne. CETTE AMBIANCE EST DUE AU MÉLANGE DE TEXTURES EXOTIQUES NATURELLES UTILISÉES POUR DÉCORER LES MURS. Des stores en bambou et en coco servent de toile de fond à des jetés de lit en cachemire et à des étoffes teintes avec des pigments végétaux aux tons assourdis. Un décor où se mêlent des œuvres d'art ethniques représentant des dieux hindous comme Ganesh, le dieu de la sagesse, des maharishis barbus et des femmes en sari. **LES TABLES PATINÉES PAR LES ANS ET LES CHAISES DE JARDIN ATTAQUÉES PAR LA ROUILLE CRÉENT UNE ATMOSPHÈRE DÉCONTRACTÉE, PROPICE À LA DÉTENTE.** Des fougères d'origine tropicale plantées dans de vieux vases en métal apportent une note de verdure, renforçant l'impression de sérénité - voire de spiritualité - qui se dégage de l'ensemble du décor.

Les vieilles chaises de métal vert-de-gris s'harmonisent avec les teintes naturelles de ce décor qui évoque les tropiques. Des coussins roses et une fleur exotique introduisent une note de couleur vive. Le vieux ventilateur accroché au plafond évoque une époque révolue.

Dans ce salon de style rétro aux tons bruns et orangés, un épais tapis de laine suspendu au mur reprend les diverses couleurs de la pièce.

Dans ce bel intérieur moderne, l'un des murs de la chambre s'orne d'un élégant papier peint noir et blanc représentant des troncs d'arbres élancés dessinés au trait. L'oiseau de bois posé sur la table de chevet reprend le thème forestier.

Impossible dans un livre sur la décoration murale de ne pas mentionner Supermarket Sarah. Après avoir quitté le monde de l'entreprise, Sarah a ouvert une petite boutique dans le salon de son appartement londonien, dont les murs ont été transformés en espaces d'exposition pour les divers articles qu'elle vend. Ces photos montrent les « espaces » de vente aménagés pour son site web. Ils accueillent UNE COLLECTION HÉTÉROCLITE D'ARTICLES D'OCCASION, VÊTEMENTS, CHAUSSURES, BOTTES, SACS À MAIN, BIJOUX, PHOTOS ET AUTRES OBJETS DÉNICHÉS DANS DES DÉPÔTS-VENTE, vide-greniers et brocantes au Royaume-Uni et en Scandinavie. Dès qu'un article est vendu, un autre prend sa place sur le mur. OUTRE LEUR FONCTIONNALITÉ, LES MURS SONT ICI LE SUPPORT D'UNE BELLE CRÉATIVITÉ : IL FAUT TOUJOURS FAIRE FI DES CONVENTIONS LORSQU'ON SE LANCE DANS LA DÉCORATION DE SON INTÉRIEUR !

La collaboration de Sarah avec de nombreuses personnalités a fait d'elle une des stars de la vente par Internet. Ces trois photos représentent différents murs créés pour son site web – les articles que l'on y voit ont sans doute été vendus depuis longtemps et remplacés par d'autres. Pour que ce genre d'espace d'exposition fonctionne, il est essentiel qu'il y ait un thème, par exemple une couleur ou un certain type de produit.

Supermarket
SARAH
CLICK ON ITEMS TO BUY
RINGS

Les vieux bustes en fil de fer posés sur une tablette de cheminée permettent de suspendre des bijoux fantaisie tout en remplissant une fonction décorative. Reflétés dans le miroir devant lequel ils sont placés, ces bustes constituent une œuvre d'art à part entière. La gravure encadrée accrochée à proximité montre l'effet que l'on peut tirer de la juxtaposition de deux styles de décoration murale totalement différents.

Votre pièce est très petite et vous souhaiteriez la faire paraître plus grande ? En accrochant des photos et des tableaux face à un miroir, vous créerez un effet d'illusion magique : leur reflet dans le miroir agrandira l'espace et y mettra de l'animation.

Ici, le petit miroir accroché face à son grand frère crée un effet de perspective insolite.

CHAPITRE 2
C'EST MAGIQUE...
l'art de créer l'illusion

Cette composition de tableaux et de photographies est en parfaite harmonie avec la pièce. Les cadres de couleur foncée et les photos sépia ou noir et blanc accrochés au-dessus du canapé revêtu de lin et de la table de chevet en fer forgé rouillé forment un ensemble agréable et équilibré EMPREINT DE CONFORT ET DE DOUCEUR.

Quand on regarde de vieilles photos de famille, on ne les trouve pas toujours très réussies. Mais imaginez-les recadrées et retirées en noir et blanc. PEU IMPORTE SI LE GRAIN APPARAÎT, CELA AJOUTERA À LEUR CHARME. Confiez-les à un encadreur professionnel ou encadrez-les vous-même dans DE VIEUX CADRES DÉNICHÉS CHEZ UN BROCANTEUR, ET VOUS OBTIENDREZ UN RÉSULTAT EMPREINT D'UNE AGRÉABLE NOSTALGIE. Avant de les accrocher au mur, posez-les à plat sur le sol et déplacez-les dans tous les sens jusqu'à ce que vous ayez trouvé la disposition idéale (prenez une photo pour vous rappeler l'ordre).

Cette vieille collection de papillons exposée au-dessus d'une baignoire ancienne est mise en valeur par les carrelages de porcelaine blanche qui contrastent avec les cadres foncés des vitrines. Leur reflet dans le miroir permet d'apprécier pleinement les couleurs irisées de leurs ailes plus délicates que la soie.

En accrochant plusieurs miroirs tout autour d'une pièce, comme dans cette salle de bains, on crée un joli jeu de profondeurs en brouillant la perception de l'espace. ICI, UNE EXQUISE COLLECTION DE PAPILLONS CONSERVÉS DANS DES VITRINES ANCIENNES EST EXPOSÉE SUR TROIS MURS. Les vieux carrelages blancs et l'applique murale ornée de pendeloques de cristal parachèvent l'ensemble. MÊME LES CANALISATIONS VISIBLES EN HAUT DU MUR AJOUTENT UN CHARME DÉSUET AU DÉCOR.

Grâce à un savant positionnement de vos miroirs, vous pouvez inviter la verdure extérieure dans votre maison. C'est exactement ce qu'a fait le propriétaire de cette retraite montagnarde. Le reflet du paysage lointain dans un miroir ancien est du plus bel effet. **LA COMPOSITION EST PARFAITE. LES PORTRAITS DÉLICATS ET LES MIROIRS D'ÉPOQUE ACCROCHÉS AU MUR DE PLÂTRE ROSE PÂLE S'HARMONISENT À MERVEILLE AVEC LA COULEUR PASSÉE DES HORTENSIAS SÉCHÉS.** LES VERTS ASSOURDIS DES VIEUX FLACONS POSÉS À CÔTÉ D'UNE PILE DE LIVRES AUX RELIURES JAUNIES COMPLÈTENT LE DÉCOR. Le reflet du lustre de cristal dans le miroir au cadre vieil or crée un effet presque théâtral lorsqu'on allume les lumières le soir.

Les miroirs et les œuvres d'art se partagent équitablement cet espace mural. En parfaite harmonie avec les couleurs délavées de cette pièce, les miroirs anciens reflètent le paysage alentour, créant une impression de calme et de sérénité.

Ce vestibule a quelque chose de théâtral, avec ses murs ornés de miroirs anciens et son plafond voûté où pend un lustre de cristal. L'ensemble déroute agréablement le visiteur.

Dans ces deux pièces situées au sein d'habitations différentes - un vestibule et une salle de bains -, des miroirs de dimensions et de styles variés agrandissent l'espace et créent une impression de luminosité. **LES VIEUX MURS DE PIERRE AVEUGLES D'UNE MAISON RUSTIQUE SONT MÉTAMORPHOSÉS PAR UNE COLLECTION DE MIROIRS AUX CADRES VIEIL OR DATANT DE DIFFÉRENTES PÉRIODES.** En se reportant à la photo de la double page précédente, on remarque le superbe lustre. Où que l'on se place, on aperçoit son reflet dans l'un ou l'autre miroir. Quand on l'allume le soir, il jette une lumière chaleureuse qui évoque celle des chandelles, recréant l'atmosphère de l'époque à laquelle la bâtisse fut construite. **EN LONGEANT LE COULOIR, ON VOIT LA LUMIÈRE DANSER DANS LES MIROIRS, DONNANT UN ÉCLAT MAGIQUE À CET ESPACE UN PEU SOMBRE.**

Ci-contre, la minuscule salle de bains aménagée sous une cage d'escalier dans un appartement londonien paraît plus spacieuse grâce à cette juxtaposition de miroirs de styles très variés. Rapportés de différentes parties du monde, ils sont longtemps restés enfermés dans des placards. Aujourd'hui ils illuminent cet espace exigu. Certains sont biseautés, d'autres perdent leur tain ou s'oxydent, ce qui ajoute à leur charme.

← Des miroirs anciens reflètent les vieux murs de pierre d'un vestibule rustique, illuminant et animant un espace aveugle qu'ils font paraître plus grand. Disposés de façon très étudiée, ils créent une ambiance un peu formelle qui ne manque pas de grandeur.

↑ Les miroirs de cette petite salle de bains sont parfaitement adaptés aux dimensions de l'endroit. Ils remplissent une double fonction pratique et décorative, reflétant la lumière naturelle qui pénètre par une petite fenêtre.

Pour un effet grandiose, jetez les conventions aux orties et mélangez des bougeoirs et des chandeliers d'époques et de styles différents. D'imposants candélabres de style baroque alternent avec des bougeoirs de cristal modernes sur une tablette de cheminée surmontée d'un miroir. Le soir, quand on allume les chandelles, le spectacle est véritablement magnifique.

Les candélabres de style baroque traditionnel qui dominent les bougeoirs de cristal donnent à ce décor une dimension théâtrale. Le reflet dans le miroir des appliques du mur opposé stimule l'intérêt et la curiosité du spectateur.

Ici, quatre miroirs convexes encadrés de noir reflètent la pièce, chacun à sa manière. L'effet des miroirs convexes peut être tout à fait troublant, car ceux-ci déforment les objets en les aplatissant ou, au contraire, en les allongeant. CHAQUE MIROIR PRODUIT UN EFFET LÉGÈREMENT DIFFÉRENT SUIVANT SA TAILLE ET SA POSITION SUR LE MUR, DONNANT PLUS DE PROFONDEUR À LA PIÈCE.

DEUX LAMPES DÉCORATIVES PLACÉES SUR UNE CONSOLE DE PART ET D'AUTRE DES MIROIRS DONNENT UNE CERTAINE SYMÉTRIE À LA COMPOSITION. LES ABAT-JOUR SONT EN LIN ET LES PIEDS EN MÉTAL VIEUX BRONZE. Un autre miroir convexe au cadre de bois peint en vieil or renforce l'impression d'illusion théâtrale.

Lorsque vous accrochez des miroirs au mur, étudiez avec soin la position des tableaux et des lampes. Pour un impact maximal, leurs reflets doivent créer une impression d'ordre et d'équilibre. VEILLEZ PARTICULIÈREMENT AU POSITIONNEMENT DES MIROIRS CONVEXES, CAR ILS PEUVENT DÉFORMER LES OBJETS AU POINT DE LES RENDRE MÉCONNAISSABLES. La lumière qui se reflète dans ces miroirs prend un aspect plus diffus et plus solide, aussi faut-il placer les lampes en oblique par rapport à eux.

Les deux lampes décoratives aux abat-jour de lin donnent de la symétrie à la composition. Quand on les allume, elles jettent une lumière douce sur le mur, créant une ambiance chaleureuse.

←← Disposés avec un soin méticuleux sur les murs revêtus de lambris, ces quatre miroirs anciens font un effet élégant et raffiné. Le reflet de la lampe au pied argenté et des luxueux coussins de velours crée un décor intime plein de charme.

↑ Une affiche reproduisant un portrait d'ange de la Renaissance italienne veille sur la pièce, tandis qu'une sculpture sur bois thaïlandaise représentant un moine évoque une autre tradition religieuse. Deux stetsons de paille accrochés à des bois de cerf introduisent une note légère et champêtre dans la pièce.

Les miroirs transforment instantanément les espaces sombres et formels. Cette salle de séjour sophistiquée est décorée de façon mûrement réfléchie, chaque couleur et chaque objet étant placé avec un soin minutieux. Ainsi, les quatre miroirs anciens aux cadres argentés jouent un rôle essentiel dans la composition. AVEC LEUR TAIN RONGÉ PAR LES ANS QUI LEUR DONNE DU CARACTÈRE, ILS ÉCLAIRENT L'ESPACE, Y INTRODUISANT UNE ÉTINCELLE DE VIE ET DE SPONTANÉITÉ. Les murs revêtus de lambris gris perle s'accordent à la perfection avec les bougies et l'imposante lampe de pierre aux tons gris marbré.

Même si elle paraît plus informelle, la décoration de cette chambre est elle aussi très étudiée. Elle se caractérise par un mélange de styles, le bois et la pierre étant les principaux matériaux. LES STETSONS ACCROCHÉS AUX BOIS DE CERF INTRODUISENT UNE NOTE D'HUMOUR, TANDIS QUE LA LAMPE RÉTRO ORANGE RÉVEILLE CETTE PIÈCE AUX HARMONIES ASSOURDIES.

La grande chambre de cet appartement lumineux donne une impression d'ordre, de calme et de raffinement. LA DÉCORATION EST RÉDUITE AU STRICT MINIMUM. Au-dessus de la tête de lit revêtue de lin blanc sont accrochées trois gravures anciennes représentant des hommes en costume de l'époque victorienne, tandis que de chaque côté du lit, on voit des gravures de mode des années 1930 représentant des hommes en costume strict. Sur chaque table de chevet

Les gravures de l'époque victorienne et des années **1930** encadrées de noir qui se reflètent dans l'imposant miroir sont le centre d'intérêt de cette chambre au décor simple et délicat. Le radiateur vertical blanc qui occupe tout un pan de mur passe totalement inaperçu.

blanche est posée une lampe dont le pied de terre cuite brun foncé contraste avec l'abat-jour de lin blanc. LE SUPERBE JETÉ DE LIT BLANC BRODÉ ET ORNÉ DE MINUSCULES FRAGMENTS DE MIROIR ADOUCIT L'ENSEMBLE. Une tête de daim accrochée au mur surveille la scène, introduisant une note d'humour. L'imposant miroir qui fait face au lit reflète une grande partie du décor.

Les cadres noirs tout simples protègent les gravures sans détourner l'attention de ce qu'elles représentent.

Le mur qui se reflète dans l'écran de télévision plat est blanc et, à l'inverse du mur noir complètement nu, il accueille un mélange éclectique de photos et d'œuvres d'art en noir et blanc.

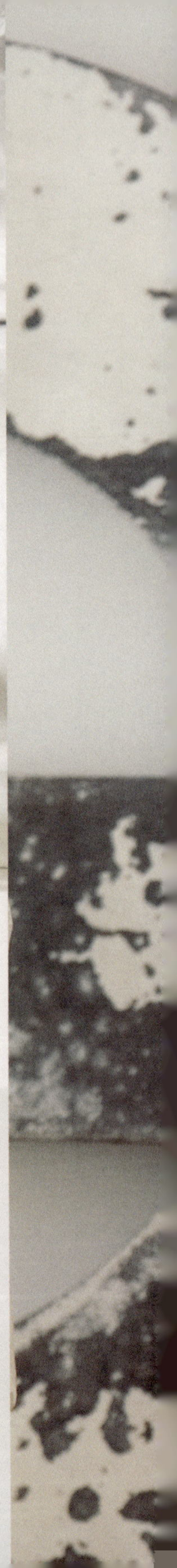

Ces objets hétéroclites – des coraux, une statue de la Madone, des pièces de vaisselle en porcelaine – qui ont tous un sens et une histoire particuliers pour leur propriétaire, ont été réunis ici, autour de leur thème commun qui est le blanc.

CHAPITRE 3
LES COLLECTIONS

Presque tout le monde collectionne quelque chose. Suivant le goût de chacun, les collections peuvent être éclectiques ou au contraire très ciblées. On peut ainsi se passionner pour la photographie et s'entourer de photos d'un certain style ou d'une certaine époque, ou bien s'intéresser à des thèmes plus vastes, comme les textiles en général, par exemple. **QUELLE QUE SOIT LA NATURE DE LA COLLECTION, CHAQUE PIÈCE A UNE HISTOIRE À RACONTER ET DOIT ÊTRE EXPOSÉE AVEC SOIN ET DE MANIÈRE À EMBELLIR L'ESPACE ENVIRONNANT.**

Au cours de ces dernières années, les sites de ventes aux enchères sur Internet comme eBay ont considérablement aidé les particuliers à enrichir leurs collections. Si chacun dispose ainsi désormais de davantage de sources pour dénicher de nouveaux trésors, cette facilité accrue signifie qu'il faut se montrer circonspect et exigeant quant à ce que l'on cherche.

Lors de la préparation de cet ouvrage, j'ai rencontré de nombreux collectionneurs passionnants, particulièrement méticuleux et appliqués dans leur approche de leur passe-temps favori : la chasse aux nouvelles pièces. Certains ont réuni d'importantes collections d'œuvres d'art et de photos, ces trésors personnels constituant parfois de véritables investissements. Les pages suivantes vous inciteront, je l'espère, à apporter à vos collections tout le soin qu'elles méritent et à trouver des manières originales de les mettre en valeur.

Cette collection d'objets blancs a beaucoup d'impact. Même les plus prosaïques ustensiles de cuisine revêtent une dimension particulière lorsqu'ils sont regroupés et disposés avec goût.

Ce vieux cadre à la peinture vieil or écaillée constitue une vitrine idéale pour des bijoux fantaisie accrochés directement au mur. La plupart des bijoux dorment au fond des tiroirs : en les exposant ainsi, vous songerez plus souvent à les porter.

Accrochés aux volutes d'une chaise de jardin blanche, les sacs à main et les foulards sont aisément accessibles et font une charmante décoration pour cette chambre.

Une multitude de bouteilles de différentes formes, dimensions et couleurs se pressent sur le rebord de cette fenêtre orientée est. Au lever du soleil, la lumière se réfracte à travers le verre, inondant la cuisine des couleurs de l'arc-en-ciel.

Cette collection de vieilles bouteilles de verre nous renvoie à l'époque où les immondes bouteilles de plastique n'avaient pas encore envahi la planète. **EN LEUR TEMPS, CES BELLES BOUTEILLES DE VERRE ARTISANALES ONT ÉTÉ RÉUTILISÉES DE NOMBREUSES FOIS, ET CHACUNE A UNE LONGUE HISTOIRE À RACONTER.**

LES BOUTEILLES DES DIFFÉRENTES MARQUES DE BIÈRE ÉTAIENT FERMÉES PAR DES BOUCHONS DE CÉRAMIQUE ATTACHÉS AU GOULOT PAR UN LIEN DE FER ET RENDUS ÉTANCHES PAR DES JOINTS EN CAOUTCHOUC. UNE FOIS VIDES, ELLES ÉTAIENT RECYCLÉES. Les épaisses bouteilles vertes, fabriquées exclusivement pour certains domaines viticoles et portant toutes des logos différents, sont réservées à ce divin nectar qu'est le vin. Certaines caractéristiques comme les lettres en relief et des couleurs différentes ou plus soutenues indiquent que la bouteille est réservée aux préparations médicinales, tandis que les flacons en forme de cercueil au goulot anguleux étaient réservés aux concoctions les plus dangereuses. **ICI, LES BOUTEILLES BLEU DE COBALT CHÈRES AUX PHARMACIENS ET AUX PARFUMEURS SE MÊLENT À DES SPÉCIMENS MARRON OU TRANSPARENTS PLUS COMMUNS.**

On imagine le plaisir ou le soulagement que ces divers contenants ont pu apporter au fil des ans. Ils retrouvent une utilité grâce à leur qualité décorative.

Le maître des lieux a su trouver un équilibre parfait entre les couleurs, les textures et les matières de cette douce composition. Chaque objet a une histoire à raconter.

On retrouve les mêmes tons de terre et la même harmonie dans la composition dans cet espace qui fait à la fois office d'entrée et de salle à manger.

Ces deux intérieurs témoignent d'un sens subtil des couleurs, des matières et des effets. **DANS LA VÉRANDA INONDÉE DE LUMIÈRE, D'HUMBLES OBJETS USUELS FORMENT UNE COMPOSITION ÉLÉGANTE ET STYLÉE.** Disposés sur trois étagères avec une apparente simplicité qui cache une discipline rigoureuse, des objets de bois, de stéatite et de porcelaine cohabitent agréablement avec des bouquets de fleurs séchées et des coraux. Leurs tons naturels se fondent pour former un espace doux et harmonieux.

Réunis sur un même mur, des objets qui partagent une origine culturelle commune animent l'espace tout en suscitant la curiosité. Le fond blanc renforce leur impact.

Regroupés sur une même surface, ces souvenirs rapportés d'un voyage en Afrique créent une atmosphère exotique tout en se fondant harmonieusement dans les tons naturels de la pièce.

Un canapé Chesterfield revêtu de lin est agréablement adossé à la rampe en bois d'un escalier ancien. Sur l'étagère flottante accrochée au mur, une collection de trésors disposés avec recherche reflète le goût de leur propriétaire pour les tons neutres naturels.

Dans le vestibule, le regard est irrésistiblement attiré par les objets précieux exposés sur les étagères flottantes qui se fondent dans le mur blanc. Regroupés par types de matériaux, ces trésors forment une composition à la fois curieuse et apaisante. Dans la salle de séjour, le meuble blanc aux lignes épurées laisse la vedette à la composition.

Les propriétaires de cet intérieur maîtrisent parfaitement l'art de la composition. Les différentes pièces en témoignent, où chaque chose a trouvé une place bien spécifique et raconte une histoire. DE NOMBREUSES CURIOSITÉS ONT ÉTÉ RAPPORTÉES DE VOYAGES LOINTAINS. Sur le grand meuble blanc à tiroirs de la salle de séjour, des sculptures africaines sont exposées à côté d'une collection de carafes transparentes. UN VIEUX FAUTEUIL DE CUIR PATINÉ CONTRIBUE À L'IMPRESSION GÉNÉRALE D'ORDRE ET DE SÉRÉNITÉ. Le thème oriental domine dans le couloir.

DELPHES
A. V.

Une étonnante collection d'objets de l'époque victorienne apporte une touche de grâce dans cette cuisine résolument moderne. L'atmosphère en est empreinte de magie, la lumière projetant à travers les persiennes des reflets éblouissants sur la table. Les cloches de verre anciennes remplissent une double fonction : elles protègent et mettent en valeur leur précieux contenu.

Dans ce couloir étroit, les murs sont littéralement tapissés de photos sépia de dimensions différentes. Le visiteur, fasciné, ne peut s'empêcher de s'arrêter à chaque pas pour les examiner.

En pénétrant dans cet appartement new-yorkais, LE VISITEUR EST FRAPPÉ PAR L'INCROYABLE QUANTITÉ DE PHOTOGRAPHIES – SURTOUT DES PORTRAITS DE GROUPE – QUI TAPISSENT TOUTE LA SURFACE MURALE et semblent étirer le couloir en longueur.

PEU APRÈS AVOIR DÉCOUVERT, IL Y A QUINZE ANS, LE TRAVAIL DE E.O. GOLDBECK (PHOTOGRAPHE AMÉRICAIN DE PANORAMIQUES DANS LES ANNÉES 1920-1940), LA PROPRIÉTAIRE DES LIEUX SE LANÇA AVEC PASSION DANS UNE COLLECTION, sollicitant notamment des sites web comme eBay. Le fait de tapisser et mettre en scène chaque centimètre carré de son couloir - et des autres pièces - fut une expérience passionnante.

Ici, chaque image raconte une histoire et ressuscite une époque. ON SCRUTE LES VISAGES, ON IMAGINE DES SCÈNES DE VIE, ON SE PLONGE DANS DES TEMPS RÉVOLUS. Après s'être focalisée sur le thème des grands banquets américains des années 1900, notre collectionneuse s'est tournée vers les photos militaires du XXe siècle. Puis sa collection s'est considérablement élargie, englobant toutes les couches sociales, depuis les ouvriers des usines jusqu'aux membres de la haute société. SA COLLECTION, C'EST À PRÉSENT L'AMÉRIQUE TOUT ENTIÈRE !

Les photographies ont été disposées de façon méthodique - rien n'est laissé au hasard. LE SOIN APPORTÉ AU DÉTAIL EST TEL QU'IL EST DIFFICILE D'APPRÉCIER PLEINEMENT LE TOUT EN UN SEUL COUP D'ŒIL : LES PHOTOGRAPHIES DE CHAQUE PIÈCE – MÊME DES PLUS PETITS PANS DE MUR – SONT REGROUPÉES PAR THÈME OU

Une imposante collection de photographies anciennes crée un impact magistral dans cet appartement new-yorkais.

Cet appartement se caractérise par une impression d'ordre et de foisonnement tout à la fois. Le soin apporté à l'exposition de la collection de photographies anciennes frappe le visiteur dès son entrée. Les collections d'objets de terre cuite, de céramique et de verre ajoutent à l'atmosphère fascinante de l'endroit.

PAR PÉRIODE, CE QUI EN AMPLIFIE L'IMPACT, ET LE PLACEMENT DES PHOTOGRAPHIES EN FONCTION DE LEUR FORMAT EST MÉTICULEUSEMENT ÉTUDIÉ.

Il reste que ce qui fascine le plus, ce n'est pas la quantité des photos exposées mais la qualité de ces œuvres. Ces clichés, passionnants, réalisés par des photographes souvent restés méconnus, immortalisent avec émotion de grands événements du passé, offrant au spectateur un voyage dans le temps.

Land of Enchantment
Petroglyph National Monument
Loretto Chapel
Santa Fe
Sandia Peak
Tramway
THE UNIVERSITY OF NEW MEXICO
1889
Montezuma Well
UTAH
GRAND CANYON
Arizona
MONTEZUMA
CASTLE
NATIONAL MONUMENT
Grand Canyon
NATIONAL PARK
Los Angeles
ZION
Blue & Gold
ALCATRAZ
SAN FRANCISCO
L.D.S. MORMON TEMPLE
SALT LAKE CITY, UTAH
GRAND CANYON
ARIZONA
San Francisco
THE GOLDEN G
NATIONA

Un périple à travers l'Amérique... Ce réfrigérateur, qui trône dans la cuisine d'un appartement new-yorkais, est telle une conversation entre amis, où chacun évoquerait ses voyages et les différents États et villes traversés.

Le fait de choisir un thème bien précis permet de créer un effet maximal. Cette magnifique collection d'aimants décoratifs qui recouvre la totalité d'une porte de réfrigérateur est dédiée à l'Italie.

Cette collection de mixeurs rétro alignés sur le dessus d'un placard crée un effet superbement original. Chromés ou de tons pastel, tous sont en parfait état et pourraient servir en cas de besoin.

On comprend aisément pourquoi tant d'entre nous collectionnent les aimants de réfrigérateur : ŒUVRES D'ART MINIATURES AU DESIGN SOIGNÉ ET COLORÉ, ce sont surtout de formidables mémos de nos voyages heureux et belles découvertes.

Cet intérieur original présente toutes sortes d'objets décoratifs bizarres. Une collection de crânes d'animaux est exposée dans une vitrine surmontée d'un magnifique candélabre de cristal vert ; la cloche de verre abrite toute une collection d'oiseaux empaillés, et des bois de cervidés ornent les murs d'un blanc uni.

Une gracieuse cigogne règne sur une collection de coquillages et d'oiseaux de mer empaillés exposés dans une vitrine. L'ensemble est logé dans le renfoncement de fenêtre qui encadre ainsi joliment cette composition « nature ».

Prises dans la même cuisine, ces deux photographies nous font découvrir tout un assortiment d'objets insolites, notamment deux « bouquets » d'yeux de verre d'ours en peluche suspendus à des crochets. Les vieilles étagères de cuisine en acier brossé remplissent une double fonction pratique et décorative.

SALTER
MAHARAJA
MAHARAJA
16 03
AGA
SMEG

← En décollant les différentes couches de peinture de cette pièce, on a créé une patine unique, merveilleuse toile de fond pour cette collection d'objets rares.

↑ Située dans la même maison, cette pièce témoigne de l'intérêt porté par l'occupant des lieux aux objets insolites. On remarque notamment une maquette de paquebot, une pile de chapeaux de paille et un cheval à bascule en bois peint.

Disposée autour de l'imposant buffet victorien sculpté, une impressionnante collection de vitrines anciennes abrite toute une ménagerie de volatiles empaillés, du canard à l'oiseau de proie. CHAQUE VITRINE PRÉSENTE UNE TOILE DE FOND PEINTE À LA MAIN AINSI QU'UN ÉCHANTILLON DE L'ENVIRONNEMENT NATUREL DE SON OCCUPANT. L'ATMOSPHÈRE ÉVOQUE DÉLIBÉRÉMENT CELLE D'UN MUSÉE, INVITANT LE VISITEUR À S'ARRÊTER DEVANT CHAQUE PIÈCE POUR L'ADMIRER À LOISIR. Le buffet, qui accueille tout un assortiment de carafes de cristal et de bouteilles d'alcool, est la pièce centrale de cette salle de réception.

La création d'une pareille collection exige beaucoup de temps, de patience et de recherches. Les propriétaires de cette demeure ont passé des années à voyager aux quatre coins du monde pour dénicher de nouvelles pièces, mais aujourd'hui, ils sont largement récompensés de leurs efforts. LA COLLECTION SEMBLE AVOIR ÉTÉ CRÉÉE SUR MESURE, TOUS LES OISEAUX ET VITRINES FORMANT UN ENSEMBLE PARFAITEMENT UNIFIÉ.

Cette imposante salle de réception aux allures de musée est un hommage à la taxidermie, invitant les visiteurs à admirer de près l'impressionnante collection d'oiseaux empaillés dans leurs vitrines. Quelques mammifères empaillés tiennent compagnie à cette étrange volière figée pour l'éternité.

Ces deux recoins différents d'une grande maison géorgienne montrent comment l'espace mural a été pleinement exploité pour créer d'imposantes mises en scène. **MANIFESTEMENT, LES PROPRIÉTAIRES ONT MIS LE PLUS GRAND SOIN À EXPOSER LEURS COLLECTIONS.**

La collection de ramures a été achetée telle quelle et figure désormais sur le mur du palier où elle produit un effet majestueux, généreusement illuminée par la lumière zénithale. Perchée sur le buffet sculpté en haut des escaliers, une grande vitrine de verre abrite un superbe dindon empaillé. Le petit âne râpé à l'air mélancolique semble regretter les nombreuses générations d'enfants qui ont joué avec lui.

UN RENFONCEMENT DANS LE MUR DE LA SALLE DE SÉJOUR ACCUEILLE UN FAUTEUIL À HAUT DOSSIER DE SATIN BLEU FONCÉ. Au-dessus sont accrochés les crânes de différents animaux à cornes disposés avec un soin méthodique.
Le renfoncement voûté encadre superbement ce tableau de chasse.

Sur le guéridon, une cloche de verre abrite un hibou empaillé qui côtoie une mâchoire de crocodile déployée. Dominant ces trophées, une grande statue religieuse veille. Bien qu'incongru, le mélange des genres est ici des plus heureux.

←← La courbe gracieuse de la rampe d'escalier et le vieux plancher de bois grinçant font de ce palier un espace d'exposition idéal pour ces crânes d'animaux à cornes.

→→ Ce mélange de profane et de sacré fonctionne à merveille dans ce recoin de salon, cette alcôve offrant un lieu d'exposition rêvé.

Dans ses moindres détails, cette pièce sophistiquée témoigne du goût raffiné de ses occupants. L'ordre et la discipline y règnent en maîtres incontestés, et rien ne dénote. Pour obtenir un tel équilibre entre les photos et les toiles, il a fallu d'abord les poser par terre puis les déplacer dans tous les sens jusqu'à ce que la disposition idéale apparaisse. Vous pouvez voir le mur opposé de cette pièce page **78**.

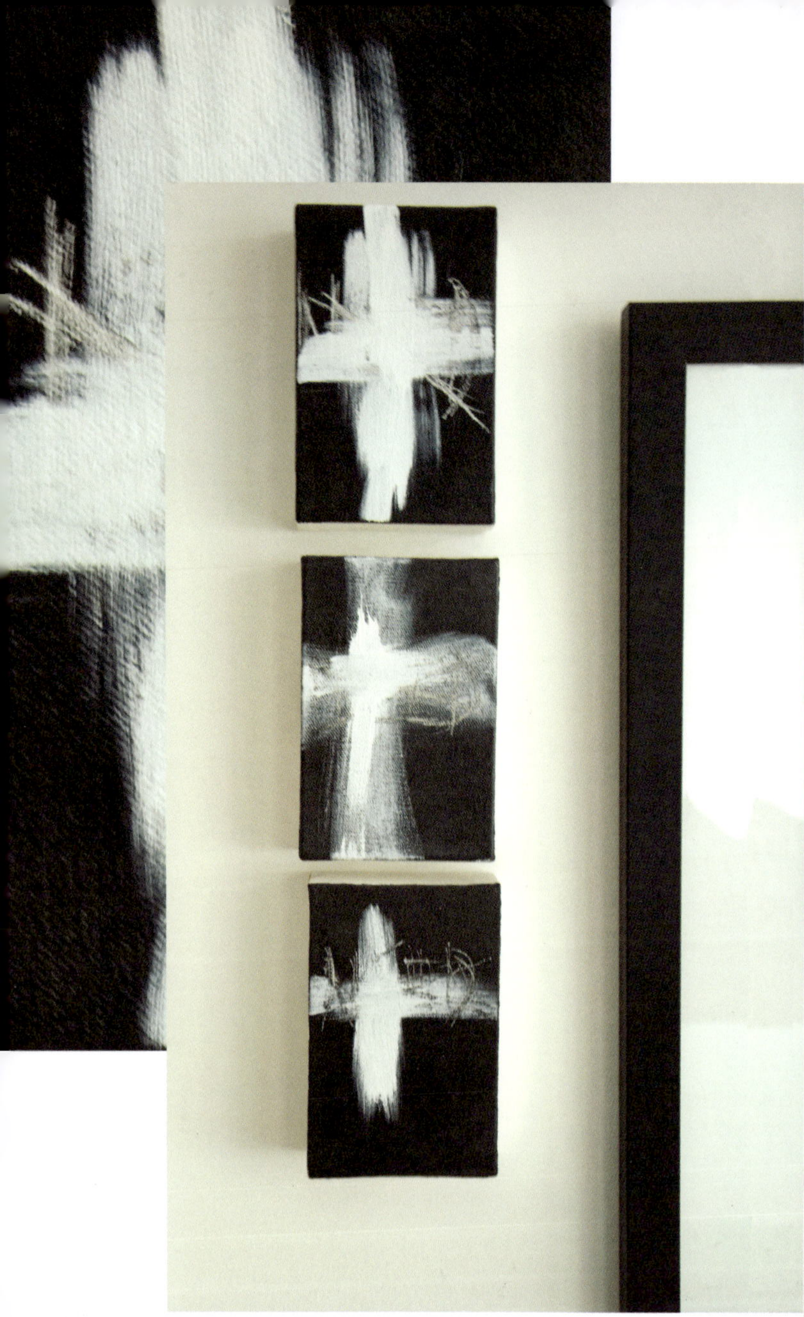

À part la grande toile représentant une fleur (signée Andrea Byrne) et le triptyque vertical représentant des croix (œuvre du maître des lieux), toutes les œuvres et photos de ce mur sont encadrées de bois noir, ce qui donne de la cohésion à l'ensemble. Dans cet espace ouvert dédié au noir et blanc, la disposition des œuvres, quoique de tailles différentes et représentant des sujets variés, produit un équilibre parfaitement harmonieux. Les photos de chevaux sont l'œuvre de Donna Demari.

571
613
570

Ces deux espaces muraux très différents l'un de l'autre ont été photographiés dans un magasin de décoration intérieure new-yorkais. Le premier est consacré à l'œuvre de l'artiste Hugo Guinness. SES BELLES LINOGRAVURES ET SES DESSINS PRÉSENTÉS DANS DES CADRES ANCIENS DE DIFFÉRENTES TAILLES FORMENT UNE CHARMANTE COMPOSITION. SUR LE REBORD DE MUR SITUÉ JUSTE AU-DESSOUS SONT ALIGNÉS DES PETITS SUJETS DE FERME EN MÉTAL.

La composition page ci-contre est bien différente. Principalement constituée d'objets naturels, elle est plus hétéroclite. DE GROSSES COSSES VIDES SERVENT DE TABLETTES D'EXPOSITION INATTENDUES POUR DES GORGONES, DES ÉTOILES DE MER ET DES COQUILLAGES, AINSI QUE POUR UN CHIEN EN CÉRAMIQUE ET DES OISEAUX ORNEMENTAUX. Cet assortiment d'objets disparates plein d'humour trouve une unité dans ses tons chromatiques.

↑ Cet espace mural consacré à l'artiste Hugo Guinness frappe par sa simplicité. La couleur du mur se fond presque à celle des dessins et des linogravures, ce qui donne leur plein impact aux motifs.

→ Cette composition murale originale utilise de grosses cosses vides comme plateformes d'exposition pour les différents objets d'origine naturelle qu'elle accueille, donnant par ailleurs une unité à l'ensemble.

NEW VINTAGE TYPE
ILLUSTRATION NOW!
A SMILE IN THE MIND
ADVERTISING IS DEAD
LONG LIVE ADVERTISING!
All Messed-Up
Letterwork
introducing
THE WHEATSHEAF RIP · JOHN ROSS
CNN

Ce meuble de rangement laqué à la belle couleur orangée habille agréablement cet espace mural. Même s'il sert à ranger des DVD et accueille une collection de livres, il remplit avant tout une fonction décorative.

Le maître des lieux a mis vingt-cinq ans pour réunir cette superbe collection de presse-papiers Saint-Louis rares et précieux, tous fabriqués en édition limitée. **AVEC LEURS DESIGNS COMPLEXES ET LEURS COULEURS ÉCLATANTES, ILS MÉRITENT D'ÊTRE AVANTAGEUSEMENT MIS EN VALEUR.** Le propriétaire a ainsi utilisé des cloisons en acrylique assemblées de façon à former des compartiments de taille adaptée. CES « VITRINES » OUVERTES, PARFAITEMENT TRANSPARENTES, NE VOLENT PAS LA VEDETTE AUX PIÈCES QU'ELLES ABRITENT.

Ces magnifiques presse-papiers méritent d'être vus sous tous les angles pour être appréciés à leur juste valeur. Bien à l'abri dans leurs compartiments transparents, ils peuvent ainsi être admirés sans être manipulés et ne risquent donc pas d'être abîmés. L'autre avantage est que ces vitrines d'exposition peuvent être montées et démontées en fonction de l'évolution de la collection.

L'intérêt porté au style rétro des années **1960** et **1970** est manifeste dans cet assortiment d'objets de céramique et de verre. En faisant preuve d'un sens aigu de la couleur, des détails et des matières, la maîtresse de maison a créé deux compositions d'une indéniable beauté.

CHAPITRE 4
LES SOUVENIRS

Occupant une place de choix parmi nos objets, les objets-souvenirs peuvent prendre toutes les formes possibles : photos, cartes postales mais aussi tableaux ou même sacs à main ! SORTEZ CES VIEUX TRÉSORS DE LEUR RETRAITE POUR LES EXPOSER DE FAÇON CRÉATIVE.

VOUS AUREZ PLAISIR À PARTAGER CES SOUVENIRS AVEC VOS PROCHES ET VOS AMIS LORSQU'ILS VOUS RENDRONT VISITE. Ils vous rappelleront d'heureuses occasions (un mariage, un anniversaire, une fête…). OUVREZ LES BOÎTES À CHAUSSURES DANS LESQUELLES VOUS CONSERVEZ VOS VIEUX CLICHÉS ET SÉLECTIONNEZ CEUX QUE VOUS PRÉFÉREZ. En fonction de leurs dimensions, de leur forme, de leurs couleurs et de leur thème, réfléchissez à l'endroit où vous pourriez les placer - les photos de famille plus intimes iront, par exemple, dans votre chambre, tandis que d'autres amuseront vos amis au salon. PASSEZ ÉGALEMENT EN REVUE LES PHOTOS ARCHIVÉES DANS VOTRE ORDINATEUR ET IMPRIMEZ CELLES QUI REVÊTENT UN SENS PARTICULIER À VOS YEUX.

Dans cet intérieur de Brooklyn, des photos de famille, d'amis et d'animaux prises avec un appareil numérique ont été imprimées et disposées tout autour du miroir, au-dessus de la cheminée.

I WILL MCBRIDE
HELMUT NEWTON
TIM WALKER PICTURES
KOUDELKA
THE PHOTO BOOK
magnum°
Cabinet of Natural Curiosities
BEATON
PUNK
VOGUE
LANVIN

Ce pan de mur consacré aux photos-souvenirs constitue une création murale colorée, mise en valeur par une collection de vases, de bougeoirs et autres objets décoratifs de porcelaine blanche. Cette mini-exposition est devenue le centre d'intérêt de la pièce.

Toutes ces belles images, chères aux maîtres des lieux, se trouvent dans la cuisine, qui est le cœur de cet intérieur chaleureux et décontracté. **CES SOUVENIRS INTIMES SUSCITENT LA CURIOSITÉ AMUSÉE DES INVITÉS.**

AU MUR, TABLEAUX ET GRAVURES SONT EXPOSÉS AVEC ORDRE ET MÉTHODE DE FAÇON À CRÉER UN IMPACT VISUEL PUISSANT. Quand on procède à une sélection d'images de ce genre en vue de les exposer, il est essentiel de ne retenir que celles que l'on aime vraiment, car on les aura ensuite constamment sous les yeux. Tenez-vous en à des couleurs et à des motifs qui se marient bien, mais rappelez-vous qu'il n'existe pas de règles. Cette photo vous incitera à faire preuve d'audace dans vos choix.

Des cartes postales et des cartes de remerciement sont glissées sous le cadre d'un grand miroir qui reflète les tableaux du mur opposé. Le portrait de garçonnet représente le propriétaire à l'âge de neuf ans – un souvenir précieux entre tous. La gravure encadrée, dénichée sur une brocante, a été offerte par un ami cher.

Dans cet appartement new-yorkais, un mur est presque entièrement recouvert par un photomontage représentant deux enfants qui ont grandi loin de leur Angleterre natale. Les parents ont sélectionné ces photos lors d'une réunion de famille, puis les ont montées et encadrées pour les exposer. Même si le montage ne comporte que des clichés des deux enfants, il rappelle un voyage familial qui a duré dix ans.

Dans ces deux intérieurs, les photos de famille sont exposées de façon différente. Dans le premier, elles sont présentées dans des cadres sombres et disposées dans un désordre savamment orchestré. Dans le second, les clichés encadrés de blanc forment un bloc compact. En exposant ainsi des photos de famille, on invite cousins, cousines et grands-parents à prendre part à notre vie de tous les jours.

Les collections de photos de famille racontent toujours une belle histoire

Merci

Ce collage intime et tendre égaye la chambre d'une vieille maison de campagne française. **COMPOSÉ D'UN MÉLANGE DE CARTES POSTALES, DE CARTES D'ANNIVERSAIRE ET DE CARTES DE LA SAINT-VALENTIN, IL RAPPELLE DES SOUVENIRS HEUREUX.** Il serait dommage de conserver ces images dans des boîtes à chaussures alors qu'elles peuvent servir à faire d'aussi charmantes décorations.

LES CARTES POSTALES ONT ÉTÉ INVENTÉES POUR FAIRE PASSER DES MESSAGES LÉGERS TELS QUE « J'AIMERAIS QUE TU SOIS ICI ». **DE FAIT, ON EST TOUJOURS HEUREUX DE TROUVER UNE CARTE DANS SA BOÎTE AUX LETTRES...**

Ce mur est particulièrement réussi car le collage s'articule autour d'un thème empreint d'une douce nostalgie : les vieilles cartes postales françaises et les cartes rétro aux tons surannés. **L'ENSEMBLE FORME UN TOUT HARMONIEUX** qui se marie subtilement avec la table de toilette au charme désuet et avec les tons délicats des carrelages. Des couleurs trop soutenues dénoteraient dans cette pièce.

Ce collage, composé de vieilles cartes postales et de cartes de vœux rétro, fait un merveilleux tableau de souvenirs. Fixées au mur avec de l'adhésif réutilisable, les cartes sont très faciles à déplacer ou à remplacer.

Transformez votre collection de sacs en œuvre d'art.

La plupart des femmes possèdent toute une collection de sacs à main, cabas et paniers auxquels elles sont très attachées mais qu'elles n'utilisent plus, car il y a toujours un nouveau modèle pour supplanter ses prédécesseurs, qui s'entassent au fond des placards.

COMME LES PHOTOS DE FAMILLE, LES SACS PEUVENT RESSUSCITER DES SOUVENIRS, RAPPELER UNE ÉPOQUE, UNE GRANDE OCCASION, DES VACANCES, UN MARIAGE, OU MÊME LE VISAGE D'UN ENFANT QUAND IL ÉTAIT PETIT. Ici, la maîtresse de céans en a fait le thème de sa décoration. Suspendus aux crochets d'une vieille étagère repeinte en rose pâle, ils sont là pour se laisser admirer mais aussi pour servir. Leurs couleurs et motifs créent une composition ludique, idéale pour une chambre.

Une vieille étagère repeinte en rose pâle accueille une collection de sacs à main qui rappellent différentes occasions. Non seulement ils font une belle décoration, mais ils sont faciles d'accès, prêts à servir.

CHAPITRE 5
DES POSES FACILES

Les pages suivantes vous montreront comment exposer vos œuvres d'art et vos photos sans vous casser la tête avec un marteau, des clous et des crochets. Contentez-vous d'adosser vos photos et vos tableaux aux murs, et ainsi, vous pourrez les déplacer aussi souvent qu'il vous plaira afin de modifier votre décoration sans laisser de trous partout. UN GRAND TABLEAU PEUT EN ACCUEILLIR UN PETIT. Un thème commun, par exemple le noir et blanc ou le bois, permettra d'unifier l'ensemble. SI, AU CONTRAIRE, VOUS SOUHAITEZ EXPOSER UN MÉLANGE D'ŒUVRES ÉCLECTIQUES, VOUS POUVEZ LES METTRE EN VALEUR À TOUR DE RÔLE EN LES APPUYANT CONTRE UN MEUBLE OU EN LES POSANT SUR UNE ÉTAGÈRE FLOTTANTE, UNE TABLETTE DE CHEMINÉE OU UN REBORD DE FENÊTRE.

LES PHOTOS ET LES TABLEAUX SEMBLENT MOINS FORMELS LORSQU'ILS SONT SIMPLEMENT POSÉS CONTRE UN MUR. Vous pouvez les faire se chevaucher en cachant partiellement ceux de derrière ou en laissant un tableau jeter un coup d'œil entre ses deux voisins de devant. Rien ne vous empêche de les regrouper par thème, par exemple les paysages ou les portraits. Lorsqu'on choisit d'exposer ses œuvres de cette façon, on a l'impression de jouer. Il n'y a aucune limite aux effets que l'on peut créer : c'est à la fois

Ce couloir assez sombre se prête à la perfection à l'exposition de tableaux et de photos. Ces casiers ouverts constituent sur leur dessus des plateformes idéales pour poser des œuvres encadrées. Faciles à déplacer et à nettoyer, elles sont totalement interchangeables.

ludique, moderne et surtout très facile. Vous pouvez carrément partir du plancher en posant les tableaux par terre puis remonter jusqu'au plafond en utilisant des étagères, le dessus des meubles ou même des sièges. Cette méthode ne vaut pas seulement pour les tableaux et les photographies, vous pouvez aussi l'appliquer à des vitrines contenant des papillons ou des coquillages ainsi qu'à des miroirs (les glaces en pied font un effet très romantique dans une chambre). Pour une dimension à plusieurs niveaux, placez un ou plusieurs tableaux devant un miroir.

Il est plus facile de faire se chevaucher les photos en noir et blanc, à cause de l'effet graphique produit, mais une fois encore, il n'existe pas de règles absolues. Faites appel à votre imagination, comparez les œuvres que vous souhaitez exposer, fixez-vous des limites et créez quelque chose de personnel et d'unique.

Le fait de choisir des cadres similaires et un thème commun – des portraits d'amis ou de famille, des photos ou des dessins au fusain – vous permet d'introduire de nouvelles acquisitions sans compromettre la cohésion de votre décoration. Utilisez le chevauchement pour faire ressortir certains détails, comme le regard surpris sur cet autoportrait.

Adosser les tableaux contre un mur est une solution possible si vous n'êtes pas particulièrement doué pour le bricolage. Un groupe de photos en noir et blanc de différentes tailles fait toujours beaucoup d'effet, et il est très facile de les intervertir pour les placer à tour de rôle au centre de l'attention.

8762802394692
15 40

← Le placard blanc suspendu au-dessus du four constitue une plateforme idéale pour cette collection de vieilles lettres d'alphabet peintes sur du fer-blanc. Juste au-dessous, une horloge elle aussi adossée au mur revêtu d'ardoise. Un décor simple mais équilibré.

↑ Ces numéros ont sans doute servi dans un pavillon de cricket australien. Il y a même un trou dans le fer-blanc pour les accrocher.

Étonnante association ! Dans une cuisine ultra-fonctionnelle, de vieux numéros peints sur du fer-blanc sont adossés à un mur d'ardoise au-dessus d'un placard suspendu blanc uni. LE GOÛT DU MAÎTRE DES LIEUX POUR LES HARMONIES EN NOIR ET BLANC SE REFLÈTE DANS TOUT L'APPARTEMENT, ET SON IDÉE D'UTILISER CES CHIFFRES COMME ÉLÉMENTS DE DÉCORATION DANS UN CADRE ENTIÈREMENT FONCTIONNEL EST UN ÉCLAIR D'INSPIRATION. Lorsqu'il les a vus dans une brocante, il a aussitôt imaginé le parti qu'il pourrait en tirer. Le fait de poser simplement les éléments décoratifs contre un mur permet d'expérimenter : pour l'instant, ces chiffres sont dans la cuisine, mais ils pourraient fort bien « déménager » dans une autre pièce où ils prendraient peut-être un tout autre aspect. Ici, ils semblent avoir été alignés au hasard - mais est-ce le cas ?

Cette commode ancienne aux mille tiroirs impose une présence presque massive ; les deux gravures, posées sur le dessus avec simplicité, viennent introduire une touche légère et décorative tandis que LES DEUX GROS MORCEAUX D'ÉPONGE NATURELLE APPORTENT UNE NOTE INATTENDUE DANS LA COMPOSITION.

CE SONT PARFOIS LES COMBINAISONS LES PLUS IMPROBABLES COMME CELLE-CI QUI DONNENT LES MEILLEURS RÉSULTATS. Expérimentez avec divers objets en les déplaçant d'un endroit à l'autre. Ceux que vous jugiez idéalement placés au premier abord peuvent faire encore meilleur effet ailleurs. Ainsi, cette commode inhabituelle pourrait être parfaite dans une cuisine, où ses

Les deux gravures aux tons naturels et les deux morceaux d'éponge de couleur miel adoucissent le caractère massif de la commode ancienne. Toutes les nuances de couleur se fondent ici harmonieusement, avec juste une note vive apportée par le tapis à rayures soigneusement disposé au pied de la commode.

nombreux tiroirs serviraient à ranger toutes sortes d'ustensiles et AUTRE BRIC-À-BRAC INDISPENSABLE QUE L'ON PRÉFÈRE CACHER.

LA PHOTO CI-CONTRE MONTRE QU'UNE REPRODUCTION GRAND FORMAT DE TABLEAU, COMME CET ANGE DE LA RENAISSANCE, PEUT CRÉER LE CENTRE D'INTÉRÊT D'UNE PIÈCE, LE POINT D'ANCRAGE AUTOUR dEN EFFET, AVEC LES PORTRAITS DE FAMILLE POSÉS DEVANT, L'ENSEMBLE EST PARFAITEMENT ÉQUILIBRÉ. La lampe rétro des années 1970 à l'abat-jour de soie plutôt classique introduit une note de design moderne inattendue dans le décor, la couleur orange du pied faisant écho à celle du col de l'ange. Les bois de cerf accrochés au mur font office de portemanteau pour y suspendre de vieux chapeaux de paille.

➳ Adossée au mur, la grande reproduction d'un tableau de la Renaissance italienne représentant un visage d'ange est accompagnée d'une série de portraits de famille encadrés avec goût.

Ces ravissantes créations confectionnées à partir de boutons et de bijoux fantaisie montrent que l'on peut réaliser des pièces décoratives uniques sans se donner trop de mal.

Trois cadres différents, recyclés pour mettre en valeur ces compositions réalisées avec des bijoux fantaisie et des boutons, ont été simplement posés sur la table de bois cérusé et adossés au mur. Ils forment ainsi une très jolie composition, avec le téléphone blanc qui trône devant. Les bijoux fantaisie et les boutons sont fixés sur une vitre à l'aide d'un point de colle. Les fleurs faites de petites perles et les boutons de la vitrine sont épinglés sur du tissu.

DIEU
SEUL
D
S

Ces deux scènes similaires de décor rustique sont fascinantes. D'un côté, des cadres anciens, des bouteilles de verre et une vitrine de papillons sont posés sur une table de jardin dans un désordre savamment orchestré. De l'autre, les éléments naturels de la composition et les tableaux semblent se faire mutuellement écho.

La persienne adossée à la véranda constitue une toile de fond idéale pour la petite gravure ancienne qui y est adossée, tandis qu'une autre gravure repose à plat sur la table à la peinture verte écaillée. Les couleurs des meubles vieillis et des plantes donnent beaucoup de charme à la scène.

Le miroir ancien est partiellement caché par les tableaux et dessins qui reposent contre lui. Les tons du tableau et de l'urne se marient bien avec la verdure.

Un vieux buffet ayant perdu ses portes fait joliment office de vitrine d'exposition pour ces tableaux, gravures, plantes sous verre, tasses, ainsi que pour la petite vitrine de papillons.

Louis

SPECIAL
DELIVERY

Appuyée contre la plinthe d'une chambre, une reproduction de tableau moderne aux couleurs vigoureuses est devenue le support d'une autre œuvre d'art d'un style bien différent. Ensemble, les deux tableaux forment un véritable morceau de bravoure.

Ce buffet fait office de plateforme d'exposition pour diverses pièces de style rétro : une carafe vert émeraude, deux objets de céramique, une broderie, une marine, un tableau flamboyant représentant un combat de coqs.

CHAPITRE 6

THÈMES & SOURCES D'INSPIRATION

Si, comme moi, vous êtes constamment en train d'arpenter les vide-greniers en quête de belles choses, **JE VOUS CONSEILLE DE CONCENTRER VOS RECHERCHES SUR UN THÈME DONNÉ POUR ÉVITER DE VOUS ÉPARPILLER.**

J'ai commencé à collectionner les tableaux de fleurs il y a de nombreuses années. Ci-contre, vous pouvez voir l'effet qu'ils produisent lorsqu'ils sont exposés ensemble. **VOTRE CADRE DE VIE PEUT ÊTRE UN BON INDICATEUR DE VOTRE THÈME DE PRÉDILECTION.** Ainsi, si vous vivez sur le littoral, peut-être aimez-vous les marines ? Si, au contraire, vous êtes citadin, vous vous intéresserez peut-être plutôt aux scènes de rues ou de marchés… Dans tous les cas, laissez vos passions transparaître dans votre décoration murale.

Les tableaux de fleurs non encadrés sont devenus mon thème de prédilection. En les regroupant sur un mur blanc uni, je leur ai donné plus d'impact que si je les avais dispersés à travers la maison.

Le mur de brique de cet espace extérieur constitue une toile de fond idéale pour accueillir cette ravissante collection d'assiettes anciennes. ELLES SONT DISPOSÉES AU PETIT BONHEUR, ET CERTAINES SE CHEVAUCHENT LÉGÈREMENT. Leurs tons se marient à merveille avec ceux du vieux banc vert à la peinture écaillée, formant un décor plein de charme.

Les tons pastel des assiettes répondent aux couleurs des vieux sièges dépareillés et de la nappe. Les toiles kitsch regroupées dans un autre recoin de cet espace sont mises en valeur par les deux vieux sièges signés Lloyd Loom.

Ci-contre : ce mur inspiré, entièrement recouvert d'images choisies accumulées au fil du temps et progressant des tons froids bleutés (à gauche) à des tons plus chauds (à droite), constitue un décor superbement attractif.

Feel Good In

Ces trois photographies montrent le même mur sous différents angles. L'intérêt du maître des lieux pour la botanique transparaît clairement. Des broderies florales, des fleurs séchées mises sous verre, une vieille boîte en fer-blanc au couvercle orné de motifs floraux, un reliquat de papier peint à fleurs, des cartes postales, des tableaux... Tout cela constitue un ensemble superbe et harmonieux pour cette chambre faisant également office d'espace de travail. Les couleurs douces et surannées des différents éléments se marient naturellement, comme dans la nature elle-même.

Double blo
with any Soil
propagated by bu
End of June
will rise free
Merci
Double blossom'd Peach
ERTEBLOMST
LATHYRUS
and is propagu
about the End

Ce chien occupe fièrement la place d'honneur dans ce décor charmant. Comme ses semblables représentés sur les tableaux au-dessus de lui, il semble poser, à moins qu'il ne se soit approprié un siège qui lui est habituellement interdit !

OCCUPANT UNE PLACE PRIVILÉGIÉE DANS NOS CŒURS, LES CHIENS ET LES CHATS FIGURENT SOUVENT DANS LES ŒUVRES D'ART, TABLEAUX ET AUTRES. À en juger par cette décoration murale, les occupants de ces lieux adorent les animaux, en particulier les chiens. LES PORTRAITS D'ANIMAUX SE MÊLENT À DES TABLEAUX REPRÉSENTANT DES BOUQUETS DE FLEURS ET DES CORBEILLES DE FRUITS AUX TONS CHAUDS ÉVOQUANT L'AUTOMNE. La plupart de ces œuvres sont de l'art folklorique traditionnel américain, c'est-à-dire des peintures au pochoir réalisées sur du velours ou de la soie. Cette forme d'art était particulièrement en vogue entre 1810 et 1860. Les coussins brodés reprennent le thème de la nature.

Des œuvres d'art du XIXe siècle, des portraits de chiens, des tableaux aux tons chauds représentant des bouquets de fleurs et des corbeilles de fruits cohabitent harmonieusement sur ce mur blanc uni. La plante en pot, le volet de bois brut et le chien installé sur le canapé complètent cet ensemble traditionnel douillet empreint de douceur.

Une collection de statuettes religieuses en porcelaine aux tons pastel orne la tablette de cheminée, à côté d'un tableau ancien représentant le Sacré-Cœur de Jésus. Un Christ en croix est presque nonchalamment appuyé contre le manteau de cheminée, cassant quelque peu le caractère formel de la composition.

Vive Jésus ! Vive sa Croix.

La tablette de cheminée en marbre surmontée d'un grand miroir accueille une collection d'objets religieux et de bougies votives. Le reflet dans le miroir d'un chandelier en fer forgé ajoute une note décorative à l'ensemble.

Ici, on découvre l'autre partie du manteau de cheminée présenté en page précédente. Mais c'est le soir, et les bougies sont allumées, renforçant le caractère spirituel de l'ensemble. Une autre représentation du Sacré-Cœur est accrochée au mur, à droite, tandis qu'un groupe de statuettes religieuses occupe l'extrémité de la tablette. On ne soupçonnerait pas que TOUTES CES PIÈCES PROVIENNENT EN RÉALITÉ DE BOUTIQUES D'ANTIQUITÉS ET DE BROCANTES DE DIFFÉRENTS COINS DU MONDE : DE RÉPUBLIQUE TCHÈQUE, DES ÉTATS-UNIS, ETC.

Bien que le noir et blanc soit un thème facile à traiter, il faut beaucoup de discipline pour obtenir un résultat aussi saisissant que celui-ci. L'introduction de quelques touches rouge vif anime l'ensemble. Par humour, le propriétaire a mis en abîme la composition en l'affichant sur l'écran de son ordinateur portable.

Cette fresque murale composée d'une collection de cartes postales en noir et blanc et rehaussée par quelques éclats rouge vif produit un effet spectaculaire.

nity
masterpiece
NEW YORK CITY
YORK
ILSE CRAWFORD
COFFEE
divinity
MacBook

Cette cabane dans les arbres est un petit refuge paradisiaque. La décoration s'articule autour du thème des voyages et de l'aventure, s'inspirant à la fois des cabines de plage et des expéditions dans la jungle. Les murs s'ornent d'un mélange éclectique de masques africains, d'objets de vannerie tressés, de bijoux amazoniens et de sarbacanes. Chaque objet rappelle un endroit précis du monde.

Les chérubins, êtres divins associés à Cupidon, le dieu de l'amour, sont omniprésents dans les œuvres de la Renaissance. Dans cette salle de bains, ils créent un effet de bas-relief sur les murs de plâtre blanc. Ils revêtent un caractère magique lorsqu'on les contemple depuis la baignoire, à la lueur des bougies. Ce thème est également idéal pour une chambre. Comme la plupart des objets ornementaux, les chérubins font meilleur effet regroupés. Dispersés, ils ont tendance à faire kitsch.

Un mur couvert de portraits a toujours immanquablement beaucoup de présence. Dans cette maison, toute une série de portraits est accrochée dans la cage d'escalier et sur le palier. Les personnages représentés n'ont aucun lien de parenté avec le propriétaire – LES TABLEAUX ONT SIMPLEMENT ÉTÉ ACHETÉS EN RAISON DE LEURS QUALITÉS ARTISTIQUES ET POUR LEURS COULEURS. Aucun n'est encadré. Ils ne sont pas tous en bon état, mais cela ne compromet nullement l'effet d'ensemble.

Il est possible qu'à l'origine, ces portraits aient été encadrés, mais le fait de les exposer sans cadre donne une certaine cohésion à l'ensemble. Nous ne pouvons que faire des conjectures quant à l'identité des personnages… Le mystère qui les entoure renforce l'intérêt de la collection.

Blotti dans une ruelle de Hove, sur la côte sud de l'Angleterre, cet atelier d'artiste fait partie d'un ensemble d'écuries du XVIIIe siècle reconverties. CE PETIT ESPACE INTIME EST ENTIÈREMENT HABILLÉ DE LATTES DE BOIS PEINTES EN BLANC. L'AVANTAGE DE CE REVÊTEMENT EST QUE L'ON PEUT AISÉMENT Y PLANTER DES CLOUS POUR ACCROCHER DES TABLEAUX ET DES CROQUIS.

Pour beaucoup d'artistes, les collections de cartes postales sont une source d'inspiration ainsi qu'un aide-mémoire pratique permettant de

Ces trois pans de murs correspondent à différentes parties de l'atelier. Les cartes postales épinglées aux lattes de bois sont une source d'inspiration pour l'artiste. À droite, des cartes figurent différents essais de couleurs et de matières. Deux cosses séchées et un bois flotté montrent ce que l'artiste souhaite représenter tandis que l'échantillon accroché dessous donne une idée des résultats possibles.

retrouver facilement certains détails ou harmonies de couleurs. Sous l'horloge murale, un tableau représentant un peintre au travail rappelle le triste destin des artistes qui, au fil des siècles, ont été condamnés à vivre dans un environnement inconfortable, voire misérable.

UTILISANT PRINCIPALEMENT DES COULEURS TERRE, L'ARTISTE A ÉTALÉ DIFFÉRENTES NUANCES DE BRUN ET LES A MÉLANGÉES AVEC UN PEU DE BLANC POUR VOIR COMMENT ELLES RÉAGISSENT AUX PIGMENTS CLAIRS.

La décoration de ce vaste appartement ensoleillé s'articule autour de photos en noir et blanc de parents et d'amis ainsi que de figures mythiques. Les cadres noirs et les passe-partout blancs renforcent l'impact de la composition.

LA PHOTO EN NOIR ET BLANC EST UN THÈME DE DÉCORATION MURALE TRÈS RÉPANDU, CAR IL PRODUIT TOUJOURS BEAUCOUP D'EFFET. Cet appartement du littoral s'orne de tableaux, portraits de stars immortalisées par des photographes célèbres, mêlés à des photos d'amis et de membres de la famille. **LA RÉUSSITE D'UNE DÉCORATION MURALE À BASE DE PHOTOS EN NOIR ET BLANC DÉPEND PRINCIPALEMENT DE L'ÉQUILIBRE DES FORMES ET DES TAILLES.** IL EST PRÉFÉRABLE DE PLACER LES PLUS GRANDES PHOTOS AU MILIEU. MÊME SI LA COMPOSITION CI-DESSUS SEMBLE BIEN ORDONNÉE, ELLE GARDE UN BRIN DE FANTAISIE QUI ACCROÎT SON INTÉRÊT. La lumière naturelle met les œuvres en valeur et fait jouer le reflet des stores vénitiens sur les vitres des cadres, ajoutant une touche décorative à l'ensemble.

Cette chambre d'invités aux murs et aux meubles blancs tout simples forme une toile de fond idéale pour les photos en noir et blanc. Les cadres noirs de différentes dimensions sont disposés avec soin de façon à créer un effet percutant. La lumière du jour pénètre à flots par la fenêtre située à l'opposé du mur. Le chérubin solitaire accroché au-dessus du lit introduit un événement surprenant.

On comprend aisément qu'Audrey Hepburn et Kate Moss puissent être le thème unique d'une collection.

Ce mur blanc uni situé dans une cuisine moderne est un hommage aux deux célébrités. **DANS CE CADRE DÉPOUILLÉ, DES PHOTOGRAPHIES ET DES AFFICHES EN NOIR ET BLANC SOBREMENT ENCADRÉES FONT UNE TRÈS BELLE DÉCORATION AU-DESSUS DES MEUBLES DE JARDIN BLANCS LÉGÈREMENT ROUILLÉS.** Pour la propriétaire de cette demeure londonienne qui a travaillé dans le monde de la mode et de la culture pop pendant la plus grande partie de sa vie, ces deux stars représentent la quintessence même de l'élégance.

Ces cinq photos en noir et blanc sobrement encadrées ont pour thème les deux stars préférées de la maîtresse des lieux, dont le talent et la grâce transcendent le temps ; ces photos se complètent à la perfection.

BARBICAN ART GALLERY
David Bailey
Birth of the Cool
Barbican Centre

Ce mur est situé dans la même cuisine de Chelsea (voir double page précédente). Le thème s'articule toujours autour de figures iconiques mais cette fois il s'agit de photographies de David Bailey, qui a passé sa vie à immortaliser des célébrités sur la pellicule.

Toutes ces représentations du monde maritime ont été découvertes dans des magasins d'antiquités, brocantes et autres marchés aux puces. Même si elles sont de dimensions différentes et n'ont jamais appartenu à des collections auparavant, leur thème commun leur donne une certaine cohésion. Des navires, des portraits d'officiers et des emblèmes encadrés avec goût se partagent le mur avec discipline.

Le thème « bord de mer » de cette salle de bains est très éloigné des clichés traditionnels. Le vieux porte-bagages des chemins de fer permet d'accrocher serviettes et colliers de coquillages.

Ces photos ont été prises dans deux pièces différentes de la même maison, une véritable caverne d'Ali Baba qui recèle de nombreux trésors. Les maîtres des lieux sont des collectionneurs passionnés constamment en quête de nouvelles pièces mais très sélectifs. **ILS SAVENT S'EN TENIR À UN THÈME DONNÉ SANS JAMAIS SE LAISSER DISTRAIRE PAR DES TROUVAILLES INOPINÉES QUI LES ÉCARTERAIENT DE LEUR SUJET ET DÉNOTERAIENT DANS LEUR INTÉRIEUR.**

Page ci-contre, on voit une salle de bains d'invités dont la décoration s'articule autour du monde maritime. Un mur entier est consacré à des photos et tableaux de paquebots, navires et officiers de marine en uniforme, le tout complété par un superbe emblème brodé. Cet appel au voyage donne une dimension nouvelle à un espace exigu.

La photo de droite présente la même salle de bains que celle figurant pages 28-29. Ici aussi, **LA DÉCORATION MURALE S'ARTICULE AUTOUR DU THÈME DE L'EAU, AVEC DES OBJETS RAMASSÉS AU BORD DE LA MER.** Les carrelages blancs traditionnels et les serviettes de coton créent un décor tout en douceur, agrémenté de colliers de coquillages nacrés, de coraux et d'éponges naturelles.

L'apparent désordre de cette pièce s'articule autour d'un thème : le blanc. Tous les objets ont été choisis en raison de leur couleur et pour nulle autre raison.

← Ce mur entièrement dédié au blanc est l'œuvre d'une personne imaginative et audacieuse. Toutes sortes d'objets inattendus s'associent pour former une décoration pour le moins originale.

↑ Le thème du blanc est à la fois très simple et très efficace. Dans cette chambre, une toile contemporaine blanche côtoie une lampe d'architecte blanche posée sur un plancher également blanc.

La raison pour laquelle ces photos de famille ont été disposées de cette façon est que le père du propriétaire servit dans le régiment des Seaforth Highlanders, en Écosse, dont l'emblème est une tête de cerf.

➳ Voici une autre partie de la cuisine présentée pages 104-105. Le thème des cornes et des bois unifie l'ensemble de la décoration.

Ces photographies disposées en forme de tête de cerf ont été découvertes dans une vieille valise cabossée léguée au maître des lieux par deux oncles écossais. La collection de tirages qui appartenait à son père n'avait pas vu la lumière du jour depuis la mort de ce dernier, survenue il y a de longues années. Beaucoup de ces photos ont été prises entre 1930 et 1950, principalement à Hong-Kong, Shanghai et en Égypte, où le père a servi dans l'armée. Les autres sont des photos d'amis et de parents écossais.

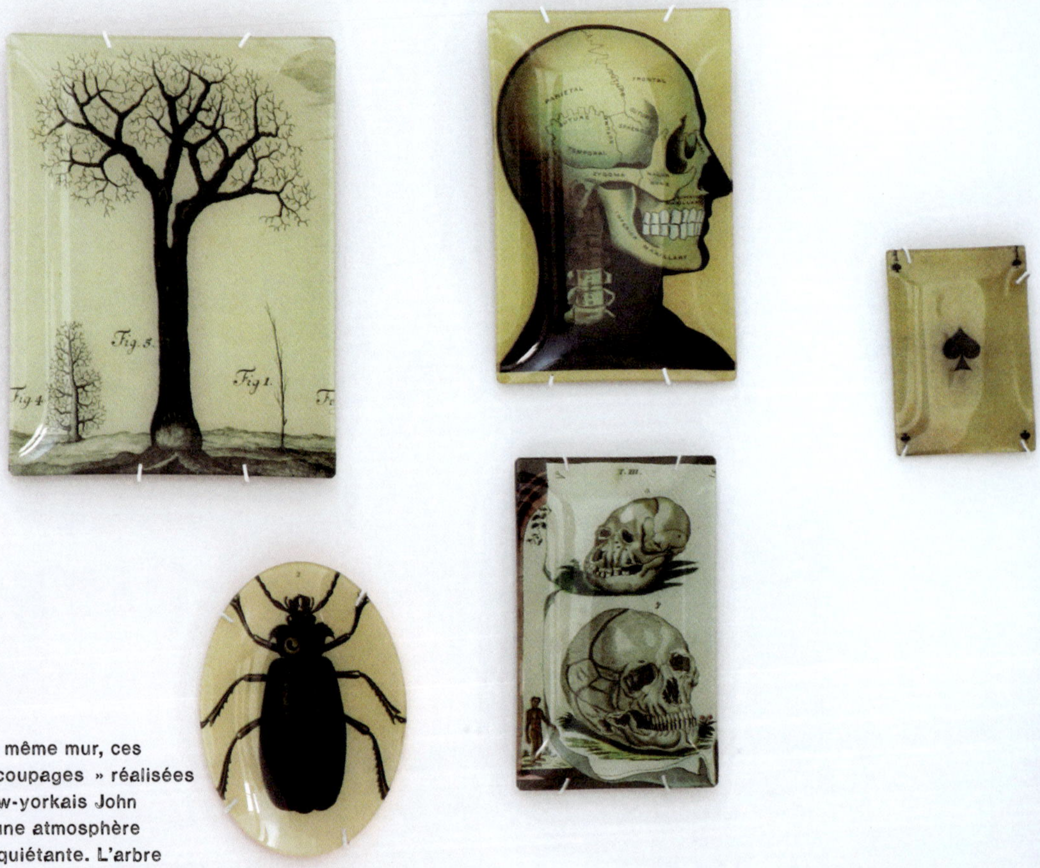

Réunies sur un même mur, ces « assiettes-découpages » réalisées par l'artiste new-yorkais John Derian créent une atmosphère quelque peu inquiétante. L'arbre dénudé, les crânes humains, le gros scarabée noir et le corbeau sont d'autant plus mystérieux qu'ils sont disposés les uns à côté des autres. Dans ce contexte, les bouteilles vides et les marteaux négligemment posés à proximité prennent une dimension réellement menaçante.

Une composition des plus inquiétantes : les créations de John Derian, deux marteaux et deux étranges bouteilles.

DIEU
SEUL
DIEU
SEUL

LA CUISINE N'EST PEUT-ÊTRE PAS AU PREMIER ABORD LA PIÈCE À LAQUELLE ON PENSE POUR ACCROCHER DES ŒUVRES D'ART, MAIS ELLE EST SOUVENT LE CŒUR DE LA MAISON, LE LIEU OÙ L'ON SE RÉUNIT EN FAMILLE OU ENTRE AMIS AUTOUR D'UN BON REPAS. C'EST POURQUOI Y EXPOSER LES OBJETS AUXQUELS ON TIENT AFIN DE LES PARTAGER AVEC SON ENTOURAGE N'EST PAS UNE MAUVAISE IDÉE.

Les tons de terre naturels, vieil or, pierre, bois, sont le thème de ce mur. Nous avons là une collection de pièces très variées dont la plupart ont été dénichées dans des brocantes ou des vide-greniers, leurs couleurs naturelles créant une impression d'unité. Une vieille commode repeinte en rose accueille d'autres objets en matières naturelles qui complètent la décoration murale - un cadre de photo en pierre, deux coupes de stéatite, une vieille théière marocaine et un superbe pot sculpté contenant des hortensias séchés. Le plancher de bois naturel et les murs peints en blanc forment une toile de fond idéale pour cette composition.

Cette décoration murale revêt un aspect tridimensionnel : vitrine de papillons, tête de cheval exposée au milieu d'un cadre vide, dentelle encadrée. Le vieux miroir orné de motifs en relief à la peinture écaillée renforce cet effet.

Les tons de terre naturels apportent de la douceur à cette pièce, déjà présentée sous un autre angle page 22. Au-dessus de l'appareil de chauffage à gaz moderne s'alignent trois croquis de nus ; le quatrième est posé par terre.
Le superbe canapé revêtu de lin et la persienne à la peinture écaillée s'intègrent harmonieusement à l'ensemble.

Sur un étroit pan de mur, à côté des étagères à livres, un collage fait de couvertures de livres de poche jette une note de couleur vive et inattendue dans cet espace sagement blanc.

CHAPITRE 7
CHAMBRES D'ENFANTS & D'ÉTUDIANTS

« Comment décorer la chambre de mon enfant ? » C'est là une question que se posent souvent les parents, et pourtant la réponse est d'une facilité déconcertante. En effet, LES ENFANTS CRÉENT CONSTAMMENT LEURS PROPRES DÉCORATIONS, QUI PEUVENT ÊTRE RÉACTUALISÉES À MESURE QU'ILS GRANDISSENT ET QUE LEURS GOÛTS ÉVOLUENT. LEURS DESSINS, LEURS PEINTURES, LEURS PHOTOS D'EXPLOITS SPORTIFS, DE REMISES DES PRIX À L'ÉCOLE ET DE FÊTES D'ANNIVERSAIRES – tout peut être exposé.

Dans la chambre de la petite Evie, sept ans, un mur est entièrement recouvert de photos de la famille, d'amis ou d'elle-même à différents âges, ainsi que de photos de fêtes et autres réjouissances. Intimement personnel, ce décor est également créatif et joliment coloré.

Evie
KISS ME
I'M IRISH

On retrouve ici le mur de la page précédente. Les photos de famille et de fêtes, traitées par ordinateur, prennent ici un caractère « design ». Les jouets préférés sont conservés dans des vitrines, tandis que les cadeaux de baptême ont été montés et encadrés.

LORSQUE VOUS VOUS LANCEZ DANS LA DÉCORATION D'UNE CHAMBRE D'ENFANT, COMMENCEZ PAR RASSEMBLER AVEC VOTRE PETITE TÊTE BLONDE TOUTES SES PHOTOS PRÉFÉRÉES. Faites ensuite le tri parmi ses diplômes scolaires ou sportifs, ses plus beaux dessins et ses jouets les plus chers. FOUILLEZ DANS LES PLACARDS ET SORTEZ-EN TOUT CE QUI MÉRITE D'ÊTRE VU.

POUR ÊTRE RÉUSSIE, LA DÉCORATION D'UNE CHAMBRE D'ENFANT DOIT ÊTRE LE FRUIT D'UNE COLLABORATION. Prenez le temps d'aider votre chérubin à choisir ses objets préférés tout en l'orientant discrètement dans la bonne direction. LES ENFANTS EN BAS ÂGE SE LAISSENT FACILEMENT DISTRAIRE DE LEUR TÂCHE MAIS RETROUVENT VITE LEUR ENTHOUSIASME. Rassemblez les photos de famille, d'animaux domestiques, d'amis et d'école, ainsi que celles de jeux, de fêtes scolaires ou costumées, afin d'avoir un assortiment coloré.

Une fois que votre enfant a arrêté son choix, mettez-vous en quête de cadres adaptés ; ils n'ont pas besoin de coûter cher ni d'être d'une couleur particulière - un mélange de tons vifs qui se marient bien fera beaucoup d'effet. AVANT TOUT, LES PIÈCES EXPOSÉES DOIVENT ÊTRE GAIES, AMUSANTES ET REFLÉTER LA PERSONNALITÉ DE VOTRE ENFANT. Il faut qu'il s'enorgueillisse de ses murs et qu'il ait envie de les montrer à ses amis. Vous pouvez inclure un tableau noir dans votre projet de décoration pour y noter des messages et dessiner, ou qui lui permettra d'accrocher des figurines aimantées.

Cette chambre est l'antre de deux grands adolescents. Le mur punk rétro, avec ses affiches iconiques, rend hommage à un mouvement qui a eu beaucoup d'influence sur la culture populaire et rappelle une époque d'insouciance et de bouleversements des valeurs traditionnelles.

Tokyo.
MALCOLM McLAREN!
GENX
KISS ME DEADLY
PLANET EARTH
RAMONES
ONE STEP BEYOND...
ADAM & THE ANTS
DOG EAT DOG
Vive le Rock!
DISCO
PRETENDERS
ELVIS COSTELLO and the ATTRACTIONS GET HAPPY!!
ONCE UPON A TIME/THE SINGLES
SPECIALS
THE FACE

De vieilles couvertures d'albums de différentes stars de la chanson décorent ce mur. Les cadres confectionnés pour l'occasion permettent de changer les couvertures de temps en temps pour s'adapter aux nouvelles modes musicales et accueillir d'autres stars en vogue.

Blondie
Sunday Girl
PAT BENATAR
MADONNA
EURYTHMICS
THE
BEST OF BLONDIE
Showpeople
Mari
Wilson
Toyah
MADONNA
VOGUE
BLONDIE

N'hésitez pas à utiliser la peinture de façon abstraite. L'atelier new-yorkais de l'artiste écossais Lex Braes est la quintessence même de l'espace de travail stimulant et propice à l'inspiration.

Une œuvre d'art pleine de personnalité trône au milieu du décor chaotique et stimulant d'un atelier d'artiste. De vigoureuses touches de peinture ont débordé sur les murs lors de la création de précédentes œuvres, donnant à l'atelier une atmosphère intense et bousculée propice à l'inspiration.

Ces deux mannequins de couturière, l'un revêtu de lin et orné d'une grosse fleur en papier, l'autre peint en noir, font beaucoup d'effet dans cette chambre d'adolescente. Sur fond de mur noir, ils reflètent sa personnalité de façon puissante et raffinée.

hey mizzy
love you
STOCKMAN
PARIS-LONDON
PARFUM
N°19
CHANEL
PARIS
COCO

Dans cette chambre d'adolescente, des lettres dorées de différentes tailles affichent le prénom de l'occupante sur le mur, au-dessus du lit. Le lustre orné de pendeloques de cristal ajoute une touche de raffinement.

IL N'EST PAS TOUJOURS FACILE D'IMPOSER SA VISION ET SES GOÛTS AUX ADOLESCENTS. IL EST ESSENTIEL QU'ILS PUISSENT S'EXPRIMER, MAIS SANS ALLER TROP LOIN. Dans cette chambre, on a aménagé un bel espace qui reflète le style du reste de la maison sans empiéter sur la personnalité de sa jeune occupante. DES LETTRES DORÉES DE DIFFÉRENTES DIMENSIONS AFFICHENT SANS AMBIGUÏTÉ QUE CE DOMAINE EST LE SIEN. Le lustre de cristal apporte une note de charme et d'élégance au décor. La porte qui fait office de tableau noir est à la fois pratique et spectaculaire.

Le mur présenté sur la page précédente est également peint en noir, ce qui donne un aspect un peu théâtral à la pièce. DÉCORÉ AVEC L'AIDE DE LA MÈRE, CET ESPACE PERMET À L'ADOLESCENTE DE JOUIR DE SA SOLITUDE DANS UN CADRE À L'IMAGE DE SA PERSONNALITÉ. La pièce est conçue de telle manière qu'il est facile d'y faire régner l'ordre, ce qui était très important pour la maîtresse de maison. L'endroit est simple et spacieux, et les matières naturelles pures en sont un élément essentiel- le lit est recouvert de simples draps de lin. Ce qui contribue à donner à la pièce une identité et une esthétique en harmonie avec le reste de la maison.

MIzZY

Des couvertures du magazine Vogue ont permis de créer ce recoin d'art mural. Bon marché, et totalement unique !

Toutes deux passionnées de mode, la maîtresse de maison et sa fille ont décoré cette chambre avec des couvertures du magazine **Vogue**. Collectionnées au fil des ans, ces couvertures trouvent ici une superbe seconde vie.

Un panneau de bois appuyé contre un mur a été entièrement recouvert de photos prises lors d'un voyage en Italie. Composé de lettres, de mots, de chiffres et de signes, ce collage pittoresque est idéal pour une chambre d'adolescente.

Tous ces tableaux sont l'œuvre du maître des lieux. Les couleurs contrastées et les différentes formes, textures et matières cohabitent avec bonheur dans cet espace de vie et de travail.

L'espace de vie et de travail créé par cet illustrateur foisonne d'œuvres colorées et loufoques. LA PLUPART DES PIÈCES SONT ORNÉES DE TOUCHES D'HUMOUR, AVEC DES CLINS D'ŒIL À DIFFÉRENTES SOURCES D'INSPIRATION. L'ARTISTE, QUI SE PLAÎT À JONGLER AVEC LES FORMES ET LES MATIÈRES, EST CONSTAMMENT À L'AFFÛT DE NOUVELLES IDÉES EN PRÉVISION DU PROCHAIN PROJET, DE LA PROCHAINE ŒUVRE D'ART. Son cadre de vie est une source d'inspiration inépuisable.

Le ciré jaune d'or et le chapeau de paille posé sur une chaise sont des souvenirs chers à cet illustrateur qui vit parmi une collection d'œuvres très personnelles et uniques.

WHO LOVES THE SUN
LOVE
hello
PUPPY
sushi
CASSIUS CLAY
JAMES LAHEY
rennies seaside modern

Des objets iconiques, comme le distributeur de bonbons **PEZ**, figurent ici à côté d'œuvres graphiques audacieuses, telle l'imposante lettrine ornementée.

def
PQR
ijkl
1 2/7 8
£¢
€y a
it's
a
squirrel's
life
ART
GRAN
MEDAGLIE D'ORO

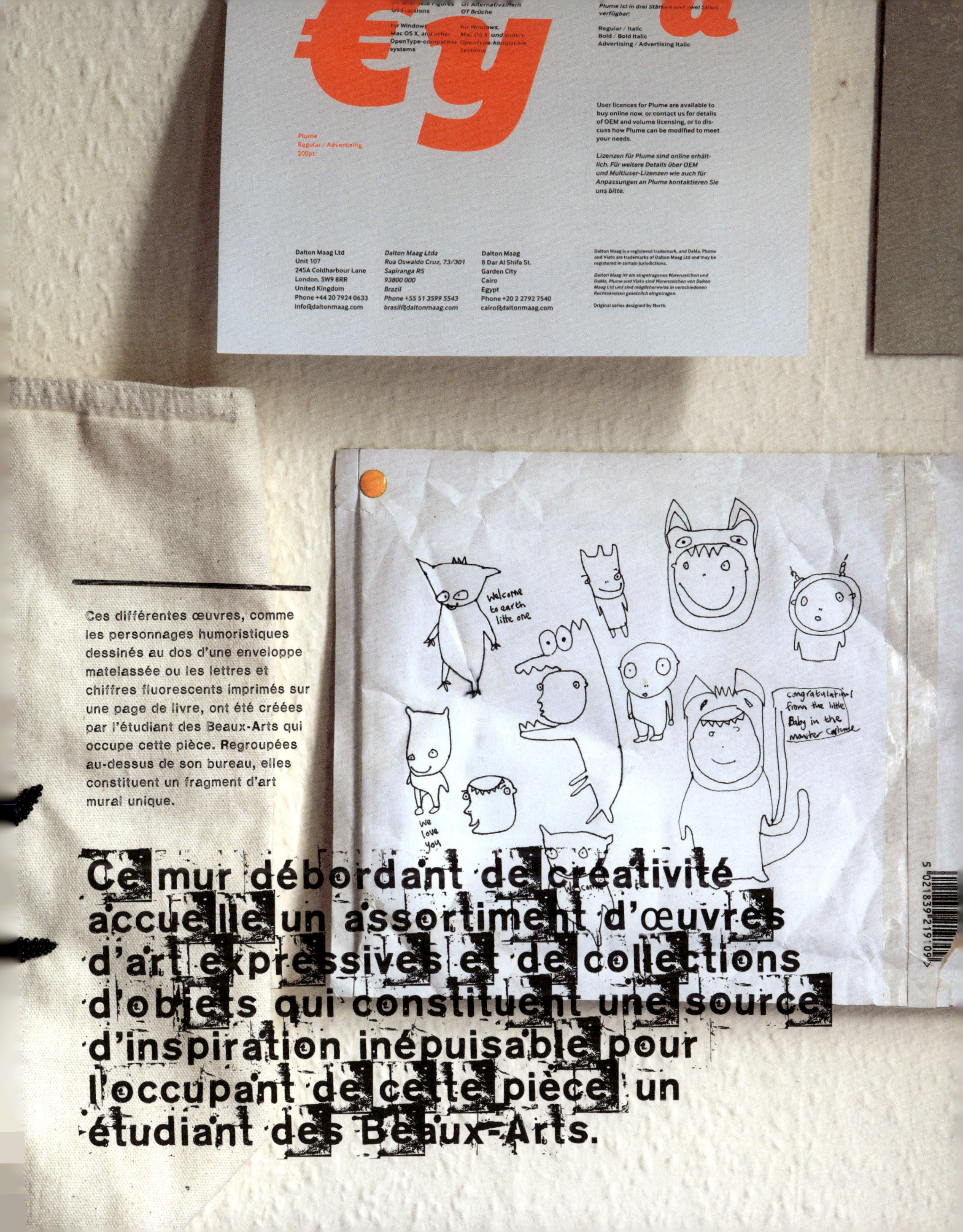

Ces différentes œuvres, comme les personnages humoristiques dessinés au dos d'une enveloppe matelassée ou les lettres et chiffres fluorescents imprimés sur une page de livre, ont été créées par l'étudiant des Beaux-Arts qui occupe cette pièce. Regroupées au-dessus de son bureau, elles constituent un fragment d'art mural unique.

Ce mur débordant de créativité accueille un assortiment d'œuvres d'art expressives et de collections d'objets qui constituent une source d'inspiration inépuisable pour l'occupant de cette pièce, un étudiant des Beaux-Arts.

KISS
her real name is trudy
I tink my name is tina
Jesus is Lord
Polaroid

Les vêtements suspendus au portant et les œuvres d'art hautes en couleur réunies sur le mur en disent long sur la créativité de l'étudiant qui s'est approprié cette pièce en la décorant à son goût. La casquette Pluto ajoute une touche d'humour à l'ensemble.

De nombreuses pièces d'art donnent à cette pièce un caractère unique. Posé sur le bureau à côté d'un transistor rouge rétro, le panneau fluorescent Ricky Gervais introduit une note d'humour.

IL EST ESSENTIEL D'INCITER LES ADOLESCENTS À EXPÉRIMENTER ET À PRENDRE DES RISQUES DANS LEURS CHOIX DÉCORATIFS. LE FAIT DE POUVOIR S'EXPRIMER ET AFFIRMER LEUR PERSONNALITÉ LEUR DONNERA CONFIANCE EN EUX. À droite, une étudiante des Beaux-Arts a imprimé sa marque personnelle sur cet étonnant mur couvert de morceaux de carton de différentes couleurs fluorescentes et décoré avec un mélange faussement fortuit de lettres de plastique, de cartes postales, de vieux cadres et de bijoux fantaisie. Cette composition vigoureuse est gaie et stimulante. LES BOUTS DE RUBAN ADHÉSIF ORNEMENTÉ UTILISÉS POUR FIXER LES DIFFÉRENTES PIÈCES AU MUR FONT PARTIE DE LA DÉCORATION.

Le panneau publicitaire bleu fluorescent Ricky Gervais que l'on voit sur la photo de gauche donne un petit air de bande dessinée à cet espace de vie et de travail. Au-dessus, le tableau naïf contraste avec les cartes postales en noir et blanc illustrant les processus mentaux abstraits impliqués dans la création artistique. Un décor affirmé, original et ludique.

→ Créé à partir de cartons aux couleurs fluorescentes, ce fragment d'art mural original forme une toile de fond stimulante pour cet espace de travail.

room for improvement
FEED ME NOW!
San Francisco

INDEX

REMERCIEMENTS DE L'AUTEUR

Je remercie infiniment les nombreux amis qui, prévenus parfois à la dernière minute, m'ont permis de pénétrer dans leur antre pour me voir m'agiter en tout sens et leur poser cette question bizarre : « je peux prendre ton mur ? » Je n'aurais pu faire ce livre sans leur aide.

Pages 202, 203 : Art Vinyl.

Pages 56, 57 : photographié et créé par Sarah Bagner@Supermarket Sarah.

Pages 10 (gauche), 16, 17, 187 : Kris Bones.

Pages 204, 205 : Lex Braes ; photographies de Rick Haylor.

Page 188 : Bill Christie.

Pages 24, 25, 32, 33, 46, 47, 48, 49, 50, 51, 64, 65, 66, 67, 68, 70, 71, 84, 85, 86, 87, 134, 135, 170, 171, 172, 173, 200, 201 : Paul et Tina Curtin.

Pages 212, 213, 214, 215, 216, 217, 218, 219, 220 : Lee Curtis.

Pages 8 (gauche), 20, 21, 22, 174, 175, 194 : Marilyn et Julyan Day.

Pages 72, 73, 116, 117, 144, 145 : John Derian Store, NYC ; photographies de Rick Haylor.

Pages 14, 15, 78, 79, 112, 113, 114, 142, 143 : Andrew Egan ; photographies de Rick Haylor.

Pages 12, 13, 88, 89, 132, 158 : Zoe Ellison.

Pages 30, 31, 190, 191 : Robert Falconer.

Pages 162, 163 : Bruce et Julia Fogle.

Page 186 : Jonathan Grove.

Pages 28, 29, 34, 35, 36, 37, 38, 39, 40, 41, 42, 43, 44, 45, 62, 63, 102, 103, 104, 105, 106, 107, 108, 109, 110, 111, 184, 185, 189 : Howard et Liddie Harrison.

Pages 124, 125, 126, 127, 130, 131 : Rick et Debra Haylor ; photographies de Rick Haylor.

Pages 180, 181, 182, 183 : Penny Horne.

Pages 8 (droite), 10 (droite), 58, 59, 60, 61, 80, 81, 82, 83, 136, 137, 138, 139, 140, 141, 146, 147, 154, 155, 156, 157, 160, 161, 164, 165, 166, 167, 168, 169, 192, 193, 195 : Geraldine James.

Pages 120, 121 : Michael Johnston.

Pages 88, 90, 91, 206, 207, 208, 209 : Alex Legendre.

Pages 96, 97, 98, 99, 100, 101 : Robyn Meshaw et Ben Indek ; photographies de Rick Haylor.

Page 211 : photographies de Jude Morgan, créé par Steven McFee.

Pages 54, 122, 123, 153 : Karen Murray.

Pages 18, 19, 75, 76, 77, 92, 93, 145, 176, 177, 178, 179 : Richard Nott et Graham Fraser.

Pages 52, 53, 148, 149, 150, 151 : Petersham Nurseries.

Pages 55, 118, 119 : David Richardson et Debbie Murphy.

Pages 23, 26, 27, 74, 94, 95 : Peter et Anne Rivett.

Pages 1, 6, 128, 129 : Richard et Marian Sanderson.

Pages 196, 197, 198, 199 : Evie Slingsby.

Pages 2, 133 : Nick et Anne-Marie Slingsby.

Je tiens également à remercier Cindy Richards, Gillian Haslam et Sally Powell de Cico Books pour leur soutien et leur travail précieux, sans lesquels ce livre serait resté à l'état de projet ; Paul Tilby pour ses merveilleux talents créatifs ; Andrew Wood pour son aide et ses encouragements ainsi que pour ses étonnantes images ; enfin Helen Ridge, qui a donné de la cohérence à mes mots lorsque j'étais trop sous pression.

Je remercie tout spécialement ceux de mes amis qui sont allés bien au-delà des exigences de l'amitié : Paul et Tina Curtin (vous êtes tous deux extraordinaires), Lee Curtis qui a été à mes côtés dès le début (tu es tellement chic !), Rick Haylor, qui m'a donné tant de son précieux temps et a pris des photos inspirées, Sheila Brown, Richard Nott, Graham Fraser, Bill Christie, Deb Haylor, Rob Falconer, Ashleigh Slater.

Merci à ma merveilleuse fille Rosie, qui a saisi de nombreux textes et m'a tant aidée tout au long de la réalisation de ce projet.

Enfin, un grand merci à tous ceux de mes amis, mentionnés ou non dans ces pages, qui m'ont permis de pénétrer dans leurs intérieurs, m'ont accordé une partie de leur temps et prêté des accessoires (j'apprécie très sincèrement votre aide).